Conheça o Saraiva Conecta

Uma plataforma que apoia o leitor em sua jornada de estudos e de atualização.

Estude *online* com conteúdos complementares ao livro e que ampliam a sua compreensão dos temas abordados nesta obra.

Tudo isso com a **qualidade Saraiva Educação** que você já conhece!

Veja como acessar

No seu computador
Acesse o *link*

https://somos.in/SJPCPEC22

No seu celular ou tablet
Abra a câmera do seu celular ou aplicativo específico e aponte para o QR Code disponível no livro.

Faça seu cadastro

1. Clique em **"Novo por aqui? Criar conta"**.

2. Preencha as informações – insira um *e-mail* que você costuma usar, ok?

3. Crie sua senha e clique no botão **"CRIAR CONTA"**.

Pronto! Agora é só aproveitar o conteúdo desta obra!*

Qualquer dúvida, entre em contato pelo *e-mail* **suportedigital@saraivaconecta.com.br**

Para consultar o conteúdo complementar, acesse:

https://somos.in/SJPCPEC22

*Sempre que quiser, acesse todos os conteúdos exclusivos pelo link ou pelo QR Code indicados. O seu acesso tem validade de 24 meses.

Marcus Vinicius Rios Gonçalves

PROCESSO CIVIL

22ª edição
2024

PROCESSO DE EXECUÇÃO E CAUTELAR

saraiva jur

Av. Paulista, 901, Edifício CYK, 4º andar
Bela Vista – São Paulo – SP – CEP 01310-100

 sac.sets@saraivaeducacao.com.br

Diretoria executiva	Flávia Alves Bravin
Diretoria editorial	Ana Paula Santos Matos
Gerência de produção e projetos	Fernando Penteado
Gerência de conteúdo e aquisições	Thais Cassoli Reato Cézar
Gerência editorial	Lívia Céspedes
Novos projetos	Aline Darcy Flôr de Souza
	Dalila Costa de Oliveira
Edição	Estevão Bula Gonçalves
Design e produção	Jeferson Costa da Silva (coord.)
	Karina Lourenço Kempter
	Guilherme Salvador
	Lais Soriano
	Rosana Peroni Fazolari
	Tiago Dela Rosa
	Verônica Pivisan
Planejamento e projetos	Cintia Aparecida dos Santos
	Daniela Maria Chaves Carvalho
	Emily Larissa Ferreira da Silva
	Kelli Priscila Pinto
Diagramação	Mari Taboada
Revisão	Daniela Georgeto
Capa	Lais Soriano
Produção gráfica	Marli Rampim
	Sergio Luiz Pereira Lopes
Impressão e acabamento	Gráfica Paym

DADOS INTERNACIONAIS DE CATALOGAÇÃO NA PUBLICAÇÃO (CIP)
ODILIO HILARIO MOREIRA JUNIOR – CRB-8/9949

G635s   Gonçalves, Marcus Vinicius Rios

Sinopses jurídicas - Processo Civil – Processo de execução e cautelar / Marcus Vinicius Rios Gonçalves. - 22. ed. - São Paulo : SaraivaJur, 2024.
120 p.

ISBN: 978-85-5361-571-1

1. Direito. 2. Direito civil. 3. Processo Civil. I. Título.

CDD 347

2023-3208   CDU 347

Índices para catálogo sistemático:

1. Direito civil   347
2. Direito civil   347

Data de fechamento da edição: 17-11-2023

Dúvidas? Acesse www.saraivaeducacao.com.br

Nenhuma parte desta publicação poderá ser reproduzida por qualquer meio ou forma sem a prévia autorização da Saraiva Educação. A violação dos direitos autorais é crime estabelecido na Lei n. 9.610/98 e punido pelo art. 184 do Código Penal.

CÓD. OBRA   2175   CL   608244   CAE   723633

ÍNDICE

Nota do autor ix

TÍTULO I — Da execução **1**

Capítulo I — Da execução em geral **1**
1. Introdução 1
2. Da atividade executiva 3
3. Modalidades de execução 4
   3.1. Execução mediata e imediata 4
   3.2. Cumprimento definitivo ou provisório de sentença 4
   3.3. Classificação da execução conforme a obrigação contida no título 6
   3.4. Execução específica 7
4. Princípios da execução 7
5. As partes na execução 9
   5.1. Legitimidade ativa 9
   5.2. Legitimidade passiva 11
   5.3. Litisconsórcio e intervenção de terceiros 13
6. Competência 13
7. Requisitos necessários para a execução 17
   7.1. Inadimplemento do devedor 17
   7.2. Título executivo 17
      7.2.1. Natureza jurídica do título executivo 17
      7.2.2. Títulos executivos judiciais 18
      7.2.3. Títulos executivos extrajudiciais 23
8. Requisitos do título executivo 26
9. Responsabilidade patrimonial 28
10. Liquidação de sentença 36
   10.1. Espécies de liquidação 38
      10.1.1. Liquidação por arbitramento 39
      10.1.2. Liquidação pelo procedimento comum 40
      10.1.3. Liquidação de sentença genérica em ação civil pública 41
      10.1.4. Liquidações incidentes 41

Capítulo II — Das diversas espécies de execução **42**
11. Execução específica 42
12. Execução das obrigações de dar coisa certa 50
13. Execução para entrega de coisa incerta 53
14. Execução das obrigações de fazer e não fazer 53
15. Execução por quantia certa contra devedor solvente 56
   15.1. Conceito 56
   15.2. Execução por quantia certa fundada em título judicial (cumprimento de sentença) 56

15.2.1. Intimação 56

15.2.2. Multa 57

15.2.3. Honorários advocatícios da fase executiva 58

15.2.4. Protesto da decisão judicial transitada em julgado 58

15.2.5. Prescrição intercorrente 59

15.2.6. Mandado de penhora e avaliação 61

15.2.7. Defesa do executado 61

15.2.8. Impugnação 62

15.2.9. A impugnação e o efeito suspensivo 63

15.2.10. Hipóteses de cabimento da impugnação (art. 525, § 1º, do CPC) ... 63

15.2.11. Procedimento da impugnação 66

15.2.12. Objeções e exceções de pré-executividade 67

15.2.13. Expropriação de bens 68

15.2.14. Cumprimento de sentença por ato ilícito 68

15.2.15. Cumprimento de sentença penal condenatória, sentença arbitral sentença estrangeira 69

16. Cumprimento de sentença que reconhece a exigibilidade de obrigação de pagar contra a Fazenda Pública 72

17. Cumprimento de sentença que reconhece obrigação de prestar alimentos 74

18. Execução por quantia certa fundada em título extrajudicial 76

18.1. Petição inicial 77

18.2. Citação 77

18.3. Penhora e avaliação 79

18.3.1. Averbação da penhora 85

18.3.2. Intimação da penhora 85

18.4. Expropriação 86

18.4.1. Adjudicação 87

18.4.2. Alienação por iniciativa particular 87

18.4.3. Alienação em leilão judicial 88

18.4.4. Da apropriação de frutos e rendimentos de imóvel ou móvel 90

19. Execução contra a Fazenda Pública 92

20. Execução de prestação alimentícia 93

21. Defesa do devedor em juízo na execução por título extrajudicial 93

21.1. Objeções e exceções de pré-executividade 93

21.2. Ações de conhecimento autônomas 93

21.3. Embargos à execução 94

21.3.1. Introdução 94

21.3.2. Competência 95

21.3.3. Prazo para a oposição 95

21.3.4. O objeto dos embargos 96

21.3.5. Recebimento dos embargos e efeito suspensivo 98

21.3.6. Procedimento nos embargos 99

21.3.7. Sentença nos embargos 100

Execução Civil

22. Execução por quantia certa contra devedor insolvente 102

    22.1. Insolvência requerida pelo credor 103

    22.2. Insolvência requerida pelo devedor ou seu espólio 103

    22.3. A declaração judicial de insolvência 103

23. Suspensão e extinção das execuções 104

    23.1. Suspensão da execução 104

    23.2. Extinção da execução 105

        23.2.1. A sentença de extinção 106

NOTA DO AUTOR

Esta é a quarta edição do volume 12 das Sinopses Jurídicas inteiramente escrita à luz do CPC/2015.

A entrada em vigor, em 18 de março de 2016, do atual CPC trouxe algumas dificuldades decorrentes da sistemática implementada pela nova lei. O volume 12 estava dividido em duas partes: a primeira, dedicada à execução civil; e a segunda, ao processo cautelar, mas o CPC atual extinguiu o processo cautelar autônomo, passando a tratar das tutelas cautelares entre as espécies de tutelas provisórias na sua Parte Geral. Diante disso, não fazia sentido que este volume continuasse tratando do processo cautelar. As tutelas provisórias, por sua vez, tratadas na Parte Geral, foram discutidas no volume 11 desta coleção.

Com a eliminação de todo o título relativo ao processo cautelar, este volume passou a tratar exclusivamente da execução civil, abrangendo tanto o processo de execução por título extrajudicial como o cumprimento de sentença (execução civil fundada em título judicial). Mas, para que não houvesse redução substancial no conteúdo e na extensão da obra, optou-se por tratar do tema da execução civil com mais minúcia e detalhamento do que nas edições anteriores. Esta edição examina o tema da responsabilidade patrimonial, em especial a fraude à execução e a responsabilidade dos sócios e cônjuges, com muito mais cuidado. Também a penhora, suas espécies e formas de efetivação receberam um tratamento muito mais minucioso. Praticamente todos os capítulos foram ampliados e atualizados, e alguns foram verdadeiramente reescritos para serem adaptados ao CPC atual. Além disso, esta edição trata especificamente das alterações relativas à prescrição intercorrente, trazidas pela Lei n. 14.195/2021, e das relativas aos títulos eletrônicos, decorrentes da Lei n. 14.620/2023, além de abordar minuciosamente a questão dos modos atípicos de coerção, do art. 139, VI, do CPC. Essa ampliação do exame da execução civil foi feita de maneira a não comprometer os objetivos de uma sinopse jurídica, que são os de apresentar ao leitor, de forma clara, os principais aspectos do tema abordado, em linguagem fluida e precisa. Além disso, nesta edição foram incluídas recentes súmulas e decisões, sobretudo em recurso especial repetitivo, do Superior Tribunal de Justiça, além de alguns enunciados relevantes da I Jornada de Direito Processual Civil da Justiça Federal.

Espera-se que esta nova edição possa encontrar a mesma recepção das anteriores, e que sirva para que os interessados em conhecer as regras do CPC atual tenham em mãos um instrumento útil de estudo e de trabalho.

Título I
DA EXECUÇÃO

Capítulo I
DA EXECUÇÃO EM GERAL

1 INTRODUÇÃO

Esta obra versa sobre a execução em geral. Com essa expressão, pretende-se abarcar as duas formas de execução, que passaram a coexistir em nosso ordenamento jurídico, desde as grandes reformas implementadas pelas Leis n. 11.232/2005 e n. 11.382/2006. Essas leis, editadas quando ainda vigorava o CPC/73, introduziram profundas alterações no tratamento da execução civil no Brasil, estabelecendo um sistema binário de processamento das execuções, que inexistia até então. Uma das grandes preocupações do legislador processual civil, quando da edição do CPC/73, havia sido separar, em processos estanques, os atos de cognição, que se prestavam a formar a convicção do juiz a respeito de qual dos litigantes tinha razão, dos atos de execução, destinados a tornar realidade o direito que já gozava de um grau de certeza suficiente. Por esse sistema, a execução implicava sempre a formação de um novo processo, não importando se ela estivesse embasada em título executivo judicial ou extrajudicial. Havia, portanto, no início da vigência do CPC/73 um sistema unitário de execução, que pressupunha a formação de um novo processo, com a necessidade de nova citação do réu, não importando se ela estivesse fundada em título judicial ou extrajudicial.

Não havia, nesse sistema anterior, distinções relevantes entre a execução por título judicial e a por título extrajudicial, ambas desenvolvidas em processo autônomo. Foi com a edição das leis supramencionadas que o sistema unitário de execuções foi quebrado, introduzindo-se um sistema binário, que foi mantido pelo CPC atual. Do ponto de vista estrutural, esse diploma manteve o sistema binário, implantado pelas leis de 2005 e 2006 que alteraram a execução civil no Brasil. Mas em que consiste esse sistema binário? Os títulos executivos, como se examinará com mais vagar nos capítulos próprios, podem ser de duas espécies: judiciais, quando formados com a intervenção do Poder Judiciário (incluindo o juízo arbitral), e extrajudiciais, quando formados sem essa intervenção. Essa classificação dos títulos passou a ser determinante na verificação de qual procedimento a ser observado, para a execução da obrigação contida no título. Quando a execução está fundada em título executivo extrajudicial, a constituição do título, à evidência, não pressupõe a existência de nenhum processo anterior. O título foi constituído sem a intervenção do judiciário, de sorte que nenhum processo anterior existiu. Caso a obrigação contida no título não seja satisfeita espontaneamente, o credor deve promover a execução, o que implicará a formação de um processo de execução, autônomo, em que o executado terá de ser citado. E é nele que a execução se desenvolverá. Esse processo de execução, fundado em título extrajudicial, vem regulado no Livro II da Parte Especial do CPC, já que o Livro I é dedicado ao processo de conhecimento e ao cumprimento das sentenças nele proferidas.

Se o título é judicial, certamente terá havido um processo anterior, no qual o título tenha sido constituído. Se o título é judicial, foi constituído com a intervenção do Poder Judiciário, que proferiu uma sentença reconhecendo a obrigação. Ora, caso não haja cumprimento voluntário da obrigação imposta nesse título, a execução será feita não por meio de um processo autônomo, cuja constituição é, de fato, despicienda, em razão da já existência de um processo no qual a sentença foi prolatada, mas como uma fase subsequente à de conhecimento, a que a lei denomina fase de "cumprimento de sentença". Não há, portanto, a formação de um novo processo, mas a continuação do processo anterior, agora em nova fase, a de cumprimento de sentença, na qual se buscará a execução da obrigação contida no título judicial. Constituído o título e não havendo o cumprimento voluntário da obrigação, passa-se da fase de conhecimento para a de cumprimento de sentença, sem formação de novo processo.

Antes, de acordo com a redação originária do CPC anterior, se imaginássemos uma ação com um pedido de cobrança, desde o ajuizamento da demanda até a satisfação da obrigação, seria possível identificar até três processos distintos nos mesmos autos: o de conhecimento, de natureza condenatória; o de liquidação (também de natureza cognitiva), caso o valor da condenação não fosse líquido; e o de execução. Em cada um deles – dada a sua autonomia –, era preciso promover-se uma nova citação do réu. Havia uma sentença que punha fim ao processo de conhecimento; outra, ao processo de liquidação; e uma terceira, que encerrava o de execução.

O CPC atual manteve a orientação implementada com a Lei n. 11.232/2005 e modificou essa sistemática, passando a considerar todo o procedimento, desde o aforamento da demanda até a satisfação da execução, como um processo único. Os antigos processos de conhecimento, de liquidação e de execução passaram a ser fases de um processo só. Daí a denominação, sugerida pela doutrina, de processo sincrético, que contém fases cognitivas e executivas.

Essas considerações introdutórias são necessárias para que se possa compreender o conteúdo desta obra. Como se verificará da leitura dos itens e capítulos subsequentes, ela aborda tanto o processo de execução por título extrajudicial quanto o cumprimento de sentença. É que ambos constituem as duas formas ou duas técnicas de execução admitidas hoje em nosso ordenamento jurídico e integram o conceito maior de "execução civil", que pode processar-se sob a forma de processo de execução ou sob a forma de cumprimento de sentença, conforme embasada em título executivo extrajudicial ou judicial. Tal consideração tem relevância, porque uma análise da disposição dos livros e capítulos do CPC atual poderia trazer alguma perplexidade, já que o cumprimento de sentença vem tratado no Livro I, Título II, da Parte Especial, logo depois do processo de conhecimento de procedimento comum, e não no Livro II, que trata do processo de execução, mas tal disposição é facilmente compreensível. O cumprimento de sentença não poderia mesmo ser tratado no livro relativo ao processo de execução porque ele não forma um processo, mas apenas uma fase subsequente à de conhecimento quando o devedor, reconhecida a obrigação, não a cumpre voluntariamente. Agiu bem o legislador em cuidar do cumprimento de sentença logo depois do processo de conhecimento, dada a sua natureza de mera fase subsequente à cognitiva. Mas, ainda que mera fase e não processo, o cumprimento de sentença é uma das formas de execução civil. Os atos nele praticados não são cognitivos, mas satisfativos, e os princípios e normas que os regem são as próprias da execução, e não do processo de conhecimento. Além disso, como se verá, as re-

Execução Civil

gras e os dispositivos aplicáveis ao processo de execução, tratados no Livro II, da Parte Especial, aplicam-se subsidiariamente ao cumprimento de sentença, quando com ele não forem incompatíveis (art. 513, *caput*).

2 DA ATIVIDADE EXECUTIVA

Há dois tipos de atividade jurisdicional: a de conhecimento e a de execução. O processo de conhecimento, ao qual o Código de Processo Civil dedica o Livro I da Parte Especial, visa à aplicação do direito ao fato concreto. Isto é, visa dizer o direito, indicando qual dos litigantes tem razão. Pressupõe a existência de uma controvérsia, não dirimida entre os próprios envolvidos e que é levada a juízo por algum deles. O juiz, depois de ouvir os interessados e de observar o procedimento estabelecido em lei, dirá o direito, aplicando-o ao caso concreto.

O juiz, com o emprego de atividade essencialmente intelectiva, faz derivar da aplicação da norma jurídica geral e abstrata aos fatos que lhe são submetidos a regra positiva concreta.

Mas é possível identificar três espécies de processo de conhecimento, de acordo com a pretensão formulada em juízo: o condenatório, o constitutivo e o declaratório. Este último pressupõe um conflito que advém da incerteza a respeito da existência ou inexistência de uma determinada relação jurídica. Por exemplo: controvertem os interessados a respeito da relação de paternidade entre duas pessoas. Existe dúvida se uma pessoa é ou não filha de outra, uma vez que esta não a registrou como tal no Registro Civil. Não havendo concordância entre os envolvidos, a questão poderá ser levada a juízo, para que este a dirima, declarando a existência ou não da relação de paternidade e, com isso, afastando as dúvidas que porventura houvesse a respeito.

Há também os processos em que a pretensão é constitutiva (ou desconstitutiva). Neles, o autor não pretende afastar dúvida sobre a existência ou inexistência de determinada relação jurídica, porque tal dúvida não existe. O que se pretende é constituir uma relação jurídica que até então não existia, ou desconstituir uma relação até então existente. É o que ocorre, por exemplo, em ação de divórcio. Não existe dúvida de que as partes são casadas. Não se pretende um esclarecimento judicial a respeito disso. O que se quer é que o casamento seja desconstituído, uma vez que não foi possível, ou por força da lei ou por desavença das partes, desconstituí-lo extrajudicialmente.

E há casos em que o processo tem natureza condenatória, nos quais o autor formula uma pretensão de impor ao réu uma obrigação, que ele deveria ter satisfeito voluntariamente, mas não satisfez e não quer satisfazer. A obrigação pode ser de pagar determinada quantia, ou de entregar coisa certa ou incerta, ou de cumprir obrigação de fazer ou não fazer. Nesse caso, a satisfação do credor não decorre automaticamente da prolação da decisão definitiva, pois é preciso que o devedor cumpra a ordem nela contida. Enquanto não há o cumprimento pelo devedor, a obrigação remanesce insatisfeita. Se o devedor cumpre voluntariamente a sua obrigação, não será preciso prosseguir, nem sequer terá início a fase de cumprimento de sentença. Mas, se ele não o faz, é preciso solicitar ainda a intervenção do Judiciário para que faça valer, para que torne concreto, aquilo que consta da decisão judicial. Com isso, terá início a fase de cumprimento de sentença.

Como se verificará no capítulo relativo aos títulos judiciais, atualmente se reconhece que, seja qual for o tipo de processo de conhecimento – declaratório, constitutivo ou condenatório –, se nele for proferida sentença que reconhece a existência de obrigação, e ela não for cumprida voluntariamente, será necessário promover o cumprimento de sentença, não se exigindo que o provimento seja necessariamente condenatório.

O mesmo ocorre em relação aos títulos extrajudiciais: eles contêm uma obrigação, imposta ao devedor, de cumprir determinada obrigação, de pagar, entregar coisa, fazer ou não fazer. Se ela for cumprida voluntariamente, não haverá processo de execução; mas se não o for, e houver o inadimplemento da obrigação pelo devedor, o credor ajuizará a ação de execução, formando-se o processo de execução, para que a obrigação contida no título possa ser satisfeita.

Na execução (seja no cumprimento de sentença, seja no processo de execução), a atividade jurisdicional é diversa daquela do processo de conhecimento, pois o que se pretende é fazer atuar, por meio de atos materiais, a norma concreta. Não se busca elaborar o comando que regulará os casos submetidos à apreciação judicial, mas fazer atuar esse comando, pela modificação da realidade sensível.

Daí a importância extraordinária da execução. Sem ela, o titular de um direito estaria privado da possibilidade de satisfazer-se sem a colaboração do devedor.

A atividade executiva pode ser imediata, sem processo autônomo, o que pressupõe prévia atividade cognitiva, sem a qual o direito não adquire a certeza necessária para que se possa invadir, coercitivamente, o patrimônio do devedor. E pode ser autônoma, caso em que se prescinde do prévio processo de conhecimento, porque a lei outorga eficácia executiva a certos títulos extrajudiciais, atribuindo-lhes a certeza necessária para desencadear o processo de execução.

3 MODALIDADES DE EXECUÇÃO

3.1. EXECUÇÃO MEDIATA E IMEDIATA

A execução por título judicial (cumprimento de sentença) constitui apenas uma fase de um processo maior, e é sempre precedida de atividade cognitiva; a por título extrajudicial implica sempre a formação de um processo autônomo, e pressupõe um documento a que a lei tenha atribuído eficácia executiva.

Os títulos executivos judiciais e extrajudiciais têm o condão de desencadear a execução: a fundada nos primeiros é sempre imediata, enquanto a fundada nos segundos é sempre mediata ou autônoma.

3.2. CUMPRIMENTO DEFINITIVO OU PROVISÓRIO DE SENTENÇA

O cumprimento de sentença, que constitui uma fase do processo sincrético, pode ser definitivo ou provisório. O cumprimento de sentença será definitivo quando fundado em decisão transitada em julgado; e provisório quando fundado em decisão que foi impugnada por recurso sem efeito suspensivo. Também é provisório o cumprimento das decisões que concedem tutela provisória (CPC, art. 297, parágrafo único).

Essa classificação só diz respeito aos cumprimentos de sentença, isto é, às execuções fundadas em título executivo judicial, já que só as decisões judiciais estão sujeitas a recurso. A execução por título extrajudicial é sempre definitiva. Ainda que ela venha a ser embargada, e que seja interposto recurso de apelação contra a sentença que julgou os embargos, a execução será definitiva. Qualquer dúvida que pudesse haver a esse respeito foi afastada com a edição da Súmula 317 do Superior Tribunal de Justiça, que assim dispõe: "É definitiva a execução de título extrajudicial, ainda que pendente apelação contra sentença que julgue improcedentes os embargos".

O cumprimento provisório de sentença está regulado nos arts. 520 a 522 do CPC. Enquanto o definitivo realiza-se nos autos principais, o provisório faz-se por autos suplementares, que se formam a partir de petição apresentada pelo exequente que, a menos que o pro-

Execução Civil

cesso seja eletrônico, deverá vir acompanhada de cópias do processo, cuja autenticidade poderá ser certificada pelo próprio advogado, sob sua responsabilidade pessoal. As peças obrigatórias para a formação dos autos suplementares são a decisão exequenda, a certidão de interposição do recurso não dotado de efeito suspensivo, as procurações outorgadas pelas partes e a decisão de habilitação, se for o caso. Além dessas peças obrigatórias, o exequente poderá facultativamente juntar outras peças processuais consideradas necessárias para demonstrar a existência do crédito. A formação desses autos suplementares se faz necessária porque é preciso remeter os autos principais à superior instância para apreciação do recurso.

O cumprimento da decisão que concede antecipação de tutela, embora provisório, não exige a extração de autos suplementares, porque os autos principais permanecerão no juízo de origem.

No entanto, convém que o cumprimento seja processado em apenso, sob pena de tumultuar o andamento do processo.

Faz-se o cumprimento provisório do mesmo modo que o definitivo. No entanto, há certos limites que o legislador impõe a quem executa em caráter provisório, e que não podem ser transpostos, senão quando o cumprimento torna-se definitivo.

O cumprimento provisório corre por conta e risco do exequente, que terá de indenizar os prejuízos que causar, caso a decisão seja reformada.

A principal diferença entre ele e o definitivo é a necessidade de caução, a ser prestada pelo exequente, para garantir ao executado o ressarcimento, em caso de modificação do julgado.

Mas essa caução não precisa ser prestada desde o início. Ela será exigida apenas em três situações: quando houver levantamento de dinheiro, prática de atos que importem transferência de posse ou alienação de propriedade ou outro direito real ou prática de atos dos quais possa resultar grave dano ao executado. Fora dessas hipóteses, a caução é desnecessária.

Mesmo que elas se verifiquem, a caução poderá ser dispensada: 1) se o crédito for de natureza alimentar, qualquer que seja a sua origem ou valor. A obrigação de alimentos pode ter origem no direito de família (casamento, união estável ou parentesco) ou em condenação por ato ilícito (como a hipótese do réu condenado a pagar pensão aos filhos da vítima de um acidente de trânsito). Em ambos os casos, poderá haver a dispensa da caução. O valor da obrigação não é relevante, já que o CPC atual não mais estabelece o limite de 60 salários mínimos fixado na legislação anterior; 2) se o exequente demonstrar situação de necessidade; 3) quando o único recurso pendente for o agravo previsto nos incisos II e III do art. 1.042, isto é, o agravo contra decisão denegatória do processamento do recurso especial ou extraordinário, proferida pelo tribunal de origem; e 4) quando a sentença a ser provisoriamente cumprida estiver em consonância com súmula da jurisprudência do Supremo Tribunal Federal ou do Superior Tribunal de Justiça ou em conformidade com acórdão proferido no julgamento de casos repetitivos.

Desde que preenchida qualquer das hipóteses supramencionadas, o juiz poderá dispensar a caução, contanto que dessa dispensa não resulte manifesto risco de grave dano de difícil ou incerta reparação.

No caso de dispensa na execução de alimentos, caso haja alteração do julgado, o prejuízo do devedor será irreversível, porquanto os alimentos são, por natureza, irrepetíveis. Mas a dispensa da caução ainda assim poderá se justificar, dada a necessidade de prover o sustento dos que se encontram em situação de necessidade e não têm condições de prestar a caução. Optou o legislador por proteger o sustento do alimentando, em detrimento do patrimônio do alimentante.

Embora a lei estabeleça que o juiz pode dispensar a caução, parece-nos que não há discricionariedade. Desde que verificada a hipótese legal, a dispensa é um direito do exequente.

SINOPSES JURÍDICAS

A caução será fixada de ofício pelo juiz e prestada nos próprios autos, sem a necessidade do procedimento autônomo.

Se, no curso da execução provisória, sobrevier decisão modificando ou anulando a que está sendo executada, as coisas deverão ser restituídas ao estado anterior. Se a modificação ou anulação for parcial, somente nessa parte ficará sem efeito a execução. Como ela corre por sua conta, o exequente deve indenizar o executado dos prejuízos que teve no processo, conforme liquidação a ser realizada no mesmo processo. Mas essa restituição ao *status quo ante* não implica o desfazimento da transferência de propriedade ou de outro direito real eventualmente já realizada, ressalvado, sempre, o direito à reparação dos prejuízos causados ao executado (art. 522, § 4º).

Ainda que se trate de cumprimento provisório de sentença, a multa de 10%, prevista para a hipótese de não cumprimento da obrigação no prazo de 15 dias da intimação do executado, e os honorários advocatícios da fase de cumprimento de sentença serão devidos, com a ressalva de que, havendo depósito tempestivo do valor, com a finalidade de isenção da multa, esse ato não será havido como incompatível com o recurso interposto. Assim, se o executado, no prazo de 15 dias, depositar o valor devido, ficará isento de multa, e o recurso por ele interposto, e que aguarda julgamento, terá regular seguimento. O levantamento ficará condicionado às regras já mencionadas a respeito do cumprimento provisório de sentença.

O restante do procedimento do cumprimento provisório não se distingue do cumprimento definitivo, inclusive no que concerne à possibilidade de apresentar impugnação, nos termos do art. 525 do CPC.

3.3. CLASSIFICAÇÃO DA EXECUÇÃO CONFORME A OBRIGAÇÃO CONTIDA NO TÍTULO

É possível, ainda, classificar a execução de acordo com a natureza da prestação devida. Tanto as execuções imediatas (cumprimento de sentença), fundadas em título judicial, como as autônomas (processos de execução) podem ter por objeto obrigações de fazer ou não fazer, de entregar coisa ou quantia. O cumprimento de sentença que impõe obrigação de fazer ou não fazer é tratado nos arts. 536 e 537, ao passo que o processo autônomo de execução é objeto dos arts. 815 e s.; o imediato, nas obrigações de entrega de coisa, é tratado no art. 538, enquanto o autônomo, nos arts. 806 e s. Por fim, a execução imediata (cumprimento de sentença) das obrigações por quantia certa é tratada nos arts. 523 e s., enquanto a autônoma (processo de execução) é objeto dos arts. 824 e s. (contra devedor solvente). Contra devedor insolvente, por ora, permanecem em vigor os dispositivos do CPC/73, arts. 748 e s., até que seja editada nova regulamentação, nos termos do art. 1.052 do CPC atual. O CPC ainda trata dos cumprimentos de sentença que reconhecem obrigação alimentar (arts. 528 e s.) e obrigação de pagar quantia certa pela Fazenda Pública (arts. 534 e s.), bem como dos processos de execução de obrigação de alimentos (arts. 913 e s.) e de execução de obrigação por quantia certa contra a Fazenda Pública (arts. 910 e s.).

Os arts. 800 e 514 do CPC cuidam, respectivamente, das obrigações alternativas e sujeitas a termo ou condição. Nas primeiras, o exequente já deve fazer a escolha na petição inicial, salvo se ela couber ao devedor, que então será citado para exercer a opção e cumprir a obrigação em dez dias, se outro prazo não lhe for determinado por lei ou por contrato, sob pena de devolvê-la ao exequente. Se a relação jurídica estiver sujeita a termo ou condição, só com a demonstração de que foram implementados a execução poderá ter início.

Execução Civil

3.4. EXECUÇÃO ESPECÍFICA

Em todas as suas formas, a execução deve buscar a satisfação do credor, atribuindo-lhe aquilo que obteria caso tivesse havido o adimplemento da obrigação: a execução, como regra, deve ser específica.

Há situações em que ela se inviabiliza, por razões materiais (p. ex., o perecimento da coisa, nas obrigações de dar) ou pessoais (a recusa do devedor em realizar determinada prestação de fazer, de caráter personalíssimo). Quando isso ocorrer, e não for possível obter resultado equivalente, a obrigação converter-se-á em perdas e danos.

Para obter a satisfação do credor, o legislador faz uso de dois tipos de mecanismo: os de coerção e os de sub-rogação. Nos primeiros, o Estado-juiz impõe meios de pressão (p. ex., a imposição de multa diária pelo atraso) para que o próprio devedor cumpra a obrigação que lhe foi imposta; nos segundos, o Estado-juiz substitui-se ao devedor no cumprimento da obrigação. Por exemplo, se ele não paga, o Estado apreende os seus bens, vende-os em leilão judicial e, com o produto, paga o exequente. Ambas as técnicas de execução podem ser utilizadas tanto na execução imediata como na autônoma.

4 PRINCÍPIOS DA EXECUÇÃO

Entre os princípios frequentemente indicados pela doutrina estava o da autonomia da execução, decorrente da instauração de uma relação processual distinta daquela formada no processo de conhecimento. Mas esse princípio, a rigor, não pode mais ser aplicado às execuções em geral, mas tão somente àquelas fundadas em título executivo extrajudicial, pois só estas implicam a formação de um novo processo.

As execuções fundadas em título judicial (cumprimento de sentença) constituem apenas uma fase de um processo maior, e não gozam mais de autonomia (ao menos como processo, embora continuem gozando de autonomia, como fase processual distinta da anterior), o que torna desnecessária nova citação. A exceção são os cumprimentos de sentenças penais condenatórias, arbitrais e estrangeiras, que correm no juízo cível competente, e que continuam formando processo autônomo, já que não são precedidas de processo de conhecimento civil. O seu procedimento é idêntico ao da execução por títulos judiciais (cumprimento de sentença) em geral, com a exceção de que, em vez de simplesmente intimado, o devedor terá de ser citado (art. 515, § 1º).

São seis os principais princípios da execução. Embora venham em regra indicados em dispositivos do Livro do Processo de Execução, aplicam-se também aos cumprimentos de sentença, tratados no Livro do Processo de Conhecimento.

a) **Princípio da patrimonialidade**. A garantia do débito é o patrimônio, e não a pessoa do executado.

É o que dispõe o art. 789 do CPC: todos os bens do devedor, presentes e futuros, respondem por suas obrigações, salvo restrições estabelecidas em lei. São exceções apenas as dívidas de alimentos decorrentes do direito de família (casamento, parentesco e união estável), que permitem a prisão civil, em caso de inadimplemento.

b) **Princípio do exato adimplemento**. A execução faz-se no interesse do exequente (CPC, art. 797), e deve garantir-lhe o mesmo resultado que decorreria do adimplemento da obrigação (execução específica), ressalvada a excepcional conversão em pecúnia. Por isso, a execução não atingirá o patrimônio do devedor, senão naquilo que for necessário para a satisfação do credor.

O art. 831 do CPC determina que serão penhorados tantos bens quantos bastem para o pagamento do principal atualizado, juros, custas e honorários advocatícios. E, quando a penhora atingir vários bens, a expropriação será suspensa, logo que o produto da alienação for bastante para o pagamento do credor e para satisfação das despesas da execução (CPC, art. 899). Como a execução é realizada no seu interesse, tem o credor plena disponibilidade do processo, podendo desistir de toda a execução ou de apenas algumas medidas executivas, a qualquer tempo.

A desistência dependerá da anuência do devedor somente quando ele tiver oposto embargos à execução ou tiver apresentado impugnação, no cumprimento de sentença, e eles não versarem apenas questões processuais (CPC, art. 775, parágrafo único). Sempre que desistir da execução embargada ou impugnada e a desistência for homologada, o exequente deve suportar as custas, as despesas processuais e os honorários advocatícios (CPC, arts. 90 e 775, parágrafo único, I).

c) **Princípio da utilidade**. Não se admite o uso da execução apenas para trazer prejuízo ao devedor, sem que reverta em benefícios ao exequente. Por isso, a penhora não será levada a efeito quando evidente que o produto da execução dos bens encontrados for totalmente absorvido pelo pagamento das custas da execução (CPC, art. 836).

d) **Princípio da menor onerosidade**. Deve ser conjugado com os demais. A execução faz-se no interesse do exequente. Porém, quando por vários meios puder ser obtida a satisfação dele, o juiz mandará que a execução se faça do modo menos gravoso ao executado (CPC, art. 805). Com isso, evitam-se gravames desnecessários, quando o exequente tem outros meios para tornar concretos os seus direitos.

Esse princípio precisa ser conjugado com os anteriores, do exato adimplemento e da patrimonialidade da execução. Ele não autoriza que o executado escolha sobre quais bens a penhora deva recair, nem permite que se exima da obrigação. A escolha do bem penhorável é do credor, e o devedor não pode exigir a substituição senão por dinheiro.

Pode haver dois modos equivalentes para alcançar o resultado almejado pelo credor. Em casos assim, há de prevalecer o menos gravoso ao devedor. Por exemplo: pode ser que ele tenha dois bens imóveis próximos, de igual valor e liquidez, cada qual suficiente para garantia do débito. Não há razão para que o credor exija que a penhora recaia sobre um deles, só porque o devedor o utiliza para alguma finalidade. Ainda que a execução seja feita em benefício do credor, não se pode usá-la para impor ao devedor desnecessários incômodos, humilhações ou ofensas.

O juiz deve conduzir o processo em busca da satisfação do credor, sem ônus desnecessários ao devedor, cabendo a este, quando invocar o art. 805, indicar outros meios mais eficazes e menos onerosos, sob pena de manutenção dos atos executivos já determinados.

e) **Princípio da responsabilidade do executado**. Incumbe ao devedor a responsabilidade pelas custas, despesas do processo e honorários de advogado. Assim, as despesas com edital, seja o de citação, seja o de intimação, seja o que precede aos leilões judiciais, com avaliação de bens e todas as outras que se fizerem necessárias ao bom andamento da execução, serão carreadas ao devedor.

É frequente que o credor tenha de antecipar o pagamento de tais despesas, sob pena de não haver como prosseguir a execução. No entanto, feita a antecipação, as despesas serão incluídas no débito e suportadas pelo devedor.

f) **Princípio do contraditório**. Tempos atrás, chegou a haver controvérsia sobre a necessidade de observância do contraditório no processo de execução. Inequívoco, porém, que, embora de forma mitigada, e com características peculiares, ele é aplicável.

Não se deve olvidar que no processo de conhecimento busca-se obter um provimento jurisdicional que declare o direito aplicável ao caso concreto, ao passo que na execução o provimento jurisdicional é eminentemente satisfativo.

Execução Civil

A execução parte de uma certeza de direito que o processo de conhecimento tem por fim produzir. Daí por que o contraditório tem de ser adequado a tais circunstâncias.

A doutrina da inexistência do contraditório na execução foi sustentada, muitas vezes, com o argumento de que não há julgamento de mérito, como no processo de conhecimento. Efetivamente, inexiste julgamento de mérito na execução. No entanto, nem por isso se há de sustentar a completa inexistência do contraditório.

No curso da execução, o juiz emite uma série de juízos de valor. Por exemplo, deve examinar se está fundada em título e se o que está sendo postulado corresponde ao que nele consta. Também deve determinar, entre os vários meios pelos quais se possa realizar a execução, qual deles seja o menos gravoso. Por outro lado, deve determinar a prática de atos que, de forma eficaz e rápida, permitam que a execução logre atingir sua finalidade precípua.

O juiz profere, no curso da execução, diversas decisões, devendo assegurar às partes a possibilidade de manifestação. A Constituição Federal garantiu a adoção do contraditório em todos os processos judiciais (CF, art. 5º, LV), sem fazer qualquer ressalva, o que torna incontroversa a sua aplicação na execução civil, seja ela um processo autônomo, seja uma fase de um processo maior.

A inexistência de julgamento de mérito não se confunde com a ausência de mérito na execução. O mérito é a pretensão levada a juízo, o pedido formulado na demanda, que constitui o objeto do processo (ou da fase executiva). Ora, na execução há uma pretensão que é formulada em juízo e que constitui o seu objeto: a satisfação do credor.

No processo de conhecimento, o que se pede é que o juiz profira uma sentença que contenha um comando, declarando o direito aplicável ao caso concreto que lhe foi submetido (acertamento). Na execução, o juiz não proferirá sentença de acertamento, porque a certeza do crédito é pressuposta. Desde que atendidas as condições da ação executiva e preenchidos os pressupostos processuais, ele atenderá à pretensão formulada pelo credor, determinando a prática de atos executivos, que garantam a satisfação do credor.

Portanto, há mérito na execução, porque existe pretensão posta em juízo. Porém, inexiste julgamento de mérito, porque a pretensão executiva não estará sujeita a uma sentença de acertamento.

5 AS PARTES NA EXECUÇÃO

Não há diferença entre a legitimidade na execução de título extrajudicial e no cumprimento de sentença. Assim, aquilo que será tratado nos capítulos seguintes vale para ambas.

5.1. LEGITIMIDADE ATIVA

Como regra geral, a execução há de ser promovida por quem figure no título executivo como credor (CPC, art. 778). Daí que a legitimidade das partes vai ser, quase sempre, aferida pelo que constar do título executivo.

O credor deve ter capacidade processual, que necessitará ser integrada pelos institutos da representação e da assistência, caso ele seja absoluta ou relativamente incapaz. A petição inicial há de vir firmada por quem tenha capacidade postulatória, o que demandará a outorga de procuração a advogado.

A lei também atribui ao Ministério Público legitimidade para promover a execução, nos casos por ela previstos (art. 778, § 1º, I). Ele poderá atuar no processo como parte, e, nesse caso, sempre lhe será dado promover o cumprimento da sentença condenatória.

O Ministério Público pode ser autor de ações condenatórias, como autoriza o art. 177 do CPC.

Entre outras hipóteses, podem ser citadas: **a)** aquelas em que ele postula indenização civil em favor da vítima de crime ou seus herdeiros, que não tenham condições econômicas para fazê-lo (art. 68 do CPP). A legitimidade para esse tipo de ação passou a ser, em regra, da Defensoria Pública, mas onde ela não tiver sido criada, ele poderá promovê-la, postulando os direitos da vítima ou seus herdeiros até a fase executiva; **b)** as ações de reparação de danos decorrentes de lesão ao meio ambiente, previstas no art. 14, § 1º, da Lei n. 6.938/81; **c)** as ações que versem sobre interesses difusos ou coletivos, na forma do art. 82 do Código do Consumidor; **d)** as ações populares, em que caberá ao Ministério Público promover a execução "caso decorridos sessenta dias da publicação da sentença condenatória, sem que o autor ou terceiro promova a respectiva execução" (art. 16 da Lei n. 4.717/65); **e)** a execução de condenações impostas pela Lei de Improbidade Administrativa, conforme o art. 17 da Lei n. 8.429/92; e **f)** a execução de título extrajudicial consistente no termo de ajustamento de conduta, firmado por ele com o causador do dano.

Quando o órgão do *Parquet* atuar como fiscal da ordem jurídica, a sua legitimidade para ajuizar o cumprimento de sentença depende de autorização legal. É o que ocorre, por exemplo, nas ações civis públicas para defesa de interesses individuais homogêneos, que não tenham sido por ele ajuizadas, quando decorre o prazo de um ano sem que se habilitem interessados, em número compatível com a gravidade do dano (Lei n. 8.078/90, art. 100).

O art. 778, § 1º, II, do CPC atribui legitimidade ativa também ao espólio ou aos sucessores do credor, sempre que, por morte deste, lhes for transmitido o direito resultante do título executivo. Quando o credor falecer, o seu espólio, seus herdeiros ou sucessores poderão promover a execução dos direitos resultantes do título executivo. Enquanto não tiver havido partilha de bens, a legitimidade ativa para a execução será do espólio. Após a partilha, extingue-se o espólio, e o credor deve ser sucedido por seus herdeiros ou sucessores. Se o falecimento ocorrer no curso da execução, a sucessão processual far-se-á na forma do art. 110 do CPC, ou, se necessário, por habilitação, na forma dos arts. 687 e s.

Também tem legitimidade ativa para promover, ou prosseguir na execução, o cessionário, por ato *inter vivos*. A cessão de crédito deve ser feita na forma do art. 286 do CC. Feita antes de haver lide executiva pendente, ela transfere desde logo ao cessionário a legitimidade ativa para dar-lhe início. Se a cessão é feita após a citação no processo de execução por título extrajudicial, ou no curso do cumprimento de sentença, o art. 109 do CPC não se aplica. O cedente poderá ser sucedido pelo cessionário, independentemente de consentimento do devedor, como deixa claro o art. 778, § 2º, do CPC. A questão ficou pacificada com a edição de precedente vinculante pelo C. Superior Tribunal de Justiça (REsp repetitivo 1.091.443/SP, rel. Min. Maria Thereza de Assis Moura), no qual ficou decidido: "Recurso especial representativo de controvérsia. Art. 543-C do CPC. Processo civil. Cessão de crédito. Execução. Precatório. Sucessão pelo cessionário. Inexistência de oposição do cedente. Anuência do devedor. Desnecessidade. Aplicação do disposto no art. 567, II, do CPC. Emenda Constitucional n. 62/2009".

==Diferente será a cessão de débito, que só valerá se feita com a anuência do credor.==

Por fim, o legislador atribui legitimidade ativa ao sub-rogado, nos casos de sub-rogação legal ou convencional. O sub-rogado é aquele que paga dívida alheia, assumindo todos os direitos, ações e privilégios que eram atribuídos ao credor primitivo.

A sub-rogação pode decorrer de lei, como nas hipóteses do art. 346 do CC, ou da vontade dos interessados, como nas situações do art. 347. Permite-se ao sub-rogado dar início à execução, ou nela prosseguir. Assim, se um terceiro pagar a dívida, sub-rogando-se nos direitos do credor, será possível requerer o prosseguimento nos próprios autos, sem necessidade de extinguir-se a execução originária. ==A sub-rogação presta-se apenas para conceder legitimidade ativa àquele que paga; não há sub-rogação no polo passivo da execução.==

Execução Civil

A legitimidade é ordinária porque aquele que paga por sub-rogação torna-se o novo credor, assumindo a qualidade jurídica do seu antecessor.

O art. 794, § 2º, do CPC faculta ao fiador que pagar a dívida prosseguir a execução do afiançado nos mesmos autos. Embora a norma refira-se especificamente ao fiador, toda vez que houver sub-rogação, poderá o sub-rogado prosseguir nos mesmos autos.

Esses são os legitimados ativos para promover a execução, indicados no art. 778 do CPC. Mas ao rol contido nesse dispositivo é necessário acrescentar mais duas hipóteses de legitimidade ativa: a do ofendido, ainda que não conste do título, e a do advogado, para executar os honorários advocatícios incluídos na condenação.

Entre os títulos executivos judiciais está a sentença penal condenatória transitada em julgado, proferida em ação penal ajuizada pelo Ministério Público (salvo nos casos de ação penal privada) em face do ofensor. A vítima não participa do processo-crime nem figura na sentença penal condenatória.

No entanto, o CPC permite que ela promova a execução civil da indenização pelos danos que sofreu, após prévia liquidação, em regra de procedimento comum.

Outro exemplo é o da execução promovida pelo ofendido, de sentença proferida em ação coletiva pelos legitimados indicados na Lei da Ação Civil Pública. O ofendido não participa da ação coletiva, mas pode, oportunamente, promover a liquidação e a execução dos danos que sofreu.

O art. 23 da Lei n. 8.906/94 estabelece: "Os honorários incluídos na condenação, por arbitramento ou sucumbência, pertencem ao advogado, tendo este direito autônomo para executar a sentença nesta parte, podendo requerer que o precatório, quando necessário, seja expedido em seu favor".

O advogado tem legitimidade para, em nome próprio, executar os honorários advocatícios de sucumbência, fixados pelo juiz, mas pode preferir que eles sejam incluídos no débito principal, e executados em conjunto, em nome da parte vitoriosa.

Há duas possibilidades: a) que tanto o principal como os honorários do advogado sejam executados em nome da parte: o exequente será legitimado ordinário para a execução do principal, mas extraordinário para a dos honorários do seu advogado; b) que o principal seja executado em nome da parte, e os honorários pelo advogado, em nome próprio. Tanto a parte quanto o seu advogado serão legitimados ordinários, para a execução daquilo que lhes cabe.

5.2. LEGITIMIDADE PASSIVA

O rol de legitimidade passiva para a execução consta do art. 779 do CPC. A execução deve ser ajuizada, em regra, contra o devedor, reconhecido como tal, no título executivo. Esse é o legitimado por excelência.

Essa observação assume maior relevância nas execuções de sentença civil ou penal condenatória prolatadas contra o empregado. A vítima de danos pode ajuizar ação de ressarcimento contra o empregado, o empregador ou contra ambos, em litisconsórcio facultativo.

Mas, se ajuizá-la só contra o empregado, a sentença só condenará a este. Só será possível executá-lo, não o empregador. Para que este seja executado, é necessário que tenha sido demandado também, e que a sentença o tenha incluído na condenação.

A mesma regra aplica-se às sentenças penais condenatórias. O empregado, no exercício de suas funções, pode cometer crime, do qual resultem danos. Havendo sentença penal condenatória transitada em julgado, será possível promover a execução, após prévia liquidação, contra o empregado condenado, mas não contra o empregador, que não integra o título executivo, nem recebeu condenação.

Será preciso promover ação de conhecimento contra o patrão, na qual este poderá, até mesmo, discutir a culpa do empregado, já que do processo criminal ele não participou.

Morto o devedor, deverão ser demandados o espólio, enquanto não se ultimar a partilha, ou os herdeiros e sucessores, partilhados os bens. O valor da execução não poderá ultrapassar as forças da herança. Feita a partilha, cada herdeiro responderá na proporção da parte que lhe coube na herança. Se havia solidariedade passiva, morto um dos devedores solidários, seus herdeiros só serão obrigados a pagar a quota que corresponder a seu quinhão hereditário, salvo se a obrigação era indivisível (CC, art. 276). Se houver a extinção de pessoa jurídica, é preciso verificar se o patrimônio da empresa foi transferido para outra, caso em que esta assume o passivo; do contrário, os legitimados serão os sócios da empresa extinta.

Também é legitimado passivo o novo devedor, que assumiu o débito, com o consentimento do credor. Ao contrário do que ocorre com a cessão de crédito, que, em regra, independe do consentimento do devedor, a cessão de débito só se aperfeiçoa quando o credor anui. A anuência é necessária porque, feita a cessão, será o patrimônio do cessionário que passará a responder pelo débito.

O fiador do débito constante do título extrajudicial também é legitimado ativo para a execução. O contrato de fiança é sempre acessório de uma obrigação principal. Se ela é dada como garantia de uma obrigação consubstanciada em título executivo extrajudicial, terá a mesma natureza. Por exemplo: o contrato de locação tem força executiva. Se dele constar fiança, haverá título também contra o fiador, que poderá ser executado diretamente.

Mas há aqui mais um detalhe: o fiador pode ter benefício de ordem, estabelecido no art. 827 do CC, o que lhe dá o direito de primeiro ver excutidos os bens do devedor, antes dos seus.

Se o fiador não renunciou a ele, só poderá ser executado se o devedor principal tiver sido incluído no polo passivo; do contrário, o fiador não teria como nomear bens dele à penhora, o que o impediria de exercer o benefício de ordem. Se este existir, o fiador só pode ser executado em litisconsórcio com o devedor principal.

Mas, se ele tiver renunciado ao benefício, a execução poderá ser dirigida só contra o fiador, que não sofrerá nenhum prejuízo, já que, pagando o débito, sub-rogar-se-á nos direitos do credor, e poderá executar o devedor nos mesmos autos (art. 794, § 2º, do CPC).

Pode ocorrer que a fiança garanta um débito não consubstanciado em título executivo extrajudicial. A ação de cobrança poderá ser ajuizada apenas em face do fiador, ainda que ele tenha o benefício de ordem. Não haverá prejuízo, porque bastará que chame ao processo o devedor principal, na forma do art. 130, I, do CPC. Caso haja condenação na fase executiva, o fiador poderá exigir que, primeiro, sejam excutidos os bens do devedor principal para só depois serem atingidos os seus. E se o fiador, na fase executiva, satisfizer o débito, poderá exigi-lo, por inteiro, do devedor principal, nos mesmos autos (art. 132 do CPC).

Aquele que deu o bem em garantia real de uma dívida torna-se responsável, até o limite do valor do bem, pelo pagamento da dívida, ainda que não seja ele o devedor. A garantia real pode ser oferecida em razão de dívida própria ou de terceiro. Se for dada em garantia de dívida de terceiro, o titular do bem torna-se responsável pelo pagamento, respeitado o valor do bem.

O responsável tributário foi incluído no rol dos legitimados passivos à execução, no art. 779, VI, do CPC. Cumpre à legislação tributária definir quem são os responsáveis, as pessoas que responderão pelo pagamento do débito, caso o devedor principal não o faça.

Ao rol do art. 779 deve ser acrescentado o avalista, que é aquele que presta garantia do pagamento de título de crédito, caso o devedor principal não pague. O aval deve constar do título, geralmente com a assinatura do devedor no anverso, acompanhada de expressão que identifique o ato praticado.

Execução Civil

Dada a autonomia do aval, a execução poderá ser dirigida tão somente contra o avalista, não sendo necessária a inclusão do avalizado. Nada impede, porém, que o inclua, caso em que haverá um litisconsórcio passivo na execução.

Se o avalista pagar a dívida, sub-rogar-se-á no crédito, e poderá reaver o que pagou, nos mesmos autos, voltando-se contra o avalizado.

5.3. LITISCONSÓRCIO E INTERVENÇÃO DE TERCEIROS

É admissível na execução o litisconsórcio, tanto ativo como passivo. No entanto, ele será quase sempre facultativo (as hipóteses de litisconsórcio necessário em execução ficam restritas às obrigações de fazer incindíveis, ou às relacionadas a entrega de coisa indivisível). Ainda que sejam numerosos os credores, cada um poderá, livremente, executar a parte que lhe caiba, ou até a totalidade da dívida, na hipótese de solidariedade ativa. Mas não se pode obrigar a totalidade dos credores a demandar conjuntamente.

Das formas de intervenção de terceiros previstas na Parte Geral do CPC, apenas a denunciação da lide e o chamamento ao processo não são admissíveis na execução. As demais formas de intervenção (incidente de desconsideração da personalidade jurídica, assistência e *amicus curiae*) são possíveis.

Além disso, existem situações próprias da execução, em que se admitirá o ingresso de terceiro no processo, e que não se enquadram entre aquelas hipóteses previstas na Parte Geral.

Podem ser citados:

1) a adjudicação, requerida pelo credor com garantia real, pelos credores concorrentes, ou pelo cônjuge, descendentes ou ascendentes, na forma do art. 876, § 5º;

2) a arrematação, feita em leilão judicial, por terceiro;

3) o concurso de preferências, quando credores preferenciais intervêm na execução para assegurar a prioridade de pagamento, em caso de alienação judicial do bem.

6 COMPETÊNCIA

A competência para o cumprimento de sentença vem regulada no art. 516 do CPC, que estabelece que ele:

I – se processará nos tribunais, nas causas de sua competência originária;

II – no juízo que decidiu a causa no primeiro grau de jurisdição;

III – no juízo cível competente, quando se tratar de sentença penal condenatória, de sentença arbitral ou de sentença estrangeira.

As duas primeiras hipóteses são de competência funcional, pois o cumprimento de sentença está sempre atrelado a um processo de conhecimento que o antecedeu. Sendo absoluta, não pode ser modificada pelas partes, nem modificada por foro de eleição. No entanto, na hipótese do inciso II, a competência sofre importante flexibilização. O parágrafo único do art. 516 dispõe que: "Nas hipóteses dos incisos II e III, o exequente poderá optar pelo juízo do atual domicílio do executado, pelo juízo do local onde se encontram bens sujeitos à execução ou pelo juízo onde deva ser executada a obrigação de fazer ou de não fazer, casos em que a remessa dos autos do processo será solicitada ao juízo de origem". Tudo para tornar mais rápido o cumprimento da sentença, evitando, por exemplo, a expedição de precatórias e a prática de atos e diligências em outras comarcas.

Teria essa norma transformado a competência, na hipótese do inciso II, em relativa? Em caso afirmativo, as partes poderiam escolher qualquer foro para o processamento da ação. Aqui não. **A ação só pode correr em um dos juízos concorrentes previamente estabelecidos por lei, escolhidos não por contrato ou eleição, mas por opção do credor.** Se for proposta em outro juízo, que não um deles, ele, de ofício, dar-se-á por incompetente.

O credor que optar por um dos juízos concorrentes deverá requerer **o cumprimento da sentença no juízo escolhido**, que solicitará ao de origem a remessa dos autos. O juízo escolhido receberá a petição desacompanhada dos autos do processo, cumprindo-lhe verificar se é mesmo competente para o cumprimento da sentença. Em caso afirmativo, fará a solicitação ao juízo de origem, que os remeterá. Ao final, os autos serão arquivados no juízo onde correu a execução.

Se o juízo onde correu o processo de conhecimento não quiser remeter os autos, por entender que o solicitante não é competente, deverá suscitar conflito positivo de competência.

Para as execuções de alimentos **provenientes de direito de família** (não de ato ilícito), além dos foros concorrentes já mencionados, o credor poderá optar pelo **foro de seu próprio domicílio, ainda que a sentença tenha sido proferida em outro foro**. É o que dispõe o art. 528, § 9º, do CPC.

Na hipótese do inciso III do art. 516, a competência não é funcional porque não há nenhum prévio processo de conhecimento. No caso de sentença penal condenatória, cumprirá verificar qual é o juízo competente, de acordo com as regras gerais de competência dos arts. 46 e s. do CPC. A competência será absoluta ou relativa, conforme a regra aplicável ao caso concreto. Por exemplo: quando se tratar de execução de sentença penal condenatória por acidente de trânsito, a vítima poderá propô-la no foro do seu domicílio ou no do local do acidente, conforme o art. 53, V, do CPC.

Na execução de sentença arbitral, a competência será a do foro em que se realizou a arbitragem. Se o título for sentença estrangeira, homologada pelo STJ, a execução será processada perante a Justiça Federal de primeira instância, na forma do art. 109, X, da CF. A seção judiciária competente será apurada de acordo com as normas de competência da CF e do CPC.

Para **a execução por título extrajudicial, é competente o foro do domicílio do executado**, o de eleição constante do título ou, ainda, o de situação dos bens a ela sujeitos, nos termos do art. 781, I, do CPC. Parece-nos, porém, que há uma ordem a ser observada:

1) **Se há foro de eleição, ele deve prevalecer**, pois, tratando-se de competência relativa, as partes podem fixá-lo, o que deverá constar do título. É possível, por exemplo, que, em contrato de locação – título extrajudicial –, conste o foro escolhido pelas partes para cobrança ou execução dos alugueres.

2) Se não houver eleição, deverá prevalecer a **regra geral de competência do foro do domicílio do executado ou o de situação dos bens sujeitos à execução**.

Essas regras valem também para a execução hipotecária, que não tem natureza real, mas pessoal: o que se executa é a dívida, ainda que venha garantida por um direito real.

Nas execuções fiscais, a competência é dada pelo art. 46, § 5º, do CPC.

Execução Civil

Quadro sinótico – Execução

Princípios		Princípio da patrimonialidade: Garantia do débito: patrimônio do devedor. Exceção: dívida de alimentos decorrente do direito de família, que permite a prisão civil do devedor. Princípio do exato adimplemento: A execução deve ser específica e suficiente para satisfação do credor (e não mais do que isso). Princípio da utilidade: Não pode haver a execução que só traga prejuízo ao devedor sem trazer benefício ao credor. Princípio da menor onerosidade: Havendo mais de um meio possível de satisfação do credor, o juiz determinará o que for menos gravoso ao devedor. Princípio da responsabilidade do devedor: Responsabilidade dele pelas custas, despesas do processo, honorários. Princípio do contraditório: Assegurado pela CF a todos os processos judiciais. Princípio da disponibilidade: O exequente pode, a qualquer tempo, desistir da execução, sem o consentimento do executado, a menos que ele já tenha impugnado ou oposto embargos, que não versem exclusivamente sobre matéria processual.
Título judicial	**Fundamento**	Emanados do Poder Judiciário (enumerados no art. 515 do CPC). O cumprimento de sentença não forma um novo processo, mas apenas uma fase, razão pela qual se dispensa a citação do réu, salvo se fundado em sentença penal, arbitral ou estrangeira. Nesse caso, o processamento será o do cumprimento de sentença, mas, como não houve processo cível anterior, formar-se-á um novo processo, e o executado será citado.
	Caráter	**Natureza: Imediata,** sem formação de processo autônomo. Pressupõe prévia atividade cognitiva, sem a qual o direito não adquire a certeza necessária para que se possa invadir, coercitivamente, o patrimônio do devedor. **Cumprimento definitivo de sentença:** se a decisão já houver transitado em julgado. **Cumprimento provisório:** se a decisão tiver sido impugnada por recurso, sem efeito suspensivo; ou nos casos de execução das decisões de tutela provisória.
Título judicial	**Prestações**	Obrigação de fazer ou não fazer: arts. 536 e 537. Obrigação de entrega de coisa: art. 538. Obrigação por quantia certa: arts. 523 e s.
Título extrajudicial	**Fundamento**	Títulos executivos extrajudiciais são os não provenientes do Judiciário, mas a que a lei atribui eficácia executiva. Estão enumerados no art. 784 do CPC. A execução com base neles constitui um novo processo, em que o réu deverá ser citado.
	Caráter	**Natureza: Autônoma,** isto é, é prescindível o prévio processo de conhecimento, porque a lei outorga eficácia executiva a certos títulos, atribuindo-lhes a certeza necessária para desencadear o processo de execução. Execução definitiva.
	Prestações	Obrigação de fazer ou não fazer: arts. 815 e s. do CPC. Obrigação de entrega de coisa: arts. 806 e s. Obrigação por quantia certa: arts. 824 e s. (contra devedor solvente). Contra devedor insolvente continuam, por ora, em vigor, os arts. 748 e s. do CPC/73, até a edição de lei específica, nos termos do art. 1.052 do CPC.

Legitimidade ativa	**Credor que figure como tal no título executivo (art. 778, *caput*, do CPC):** deve ter capacidade processual, e a petição inicial há de vir firmada por quem tenha capacidade postulatória. **Ministério Público:** promoverá a execução nos casos autorizados em lei. Quando atuar como parte, sempre lhe será dado promover a execução. Quando atuar como fiscal da ordem jurídica, a legitimidade dependerá da autorização legal. **Espólio, sucessores ou herdeiros do credor:** podem promover a execução por ato *mortis causa*. Antes da partilha de bens, a legitimidade será do espólio. Após, a legitimidade será dos herdeiros ou sucessores. Se a morte do credor ocorrer depois do ajuizamento da execução, a sucessão no polo ativo far-se-á na forma do art. 110 do CPC. **Cessionário:** decorrente da cessão de crédito (art. 286 do CC). Promoverá a execução por ato *inter vivos*. Mesmo que iniciada a execução, o cessionário pode assumir o polo ativo sem anuência do devedor, nos termos do art. 778, § 2º, do CPC. **Sub-rogado:** a sub-rogação pode ser legal (art. 346 do CC) ou convencional (art. 347 do CC). Permite-se ao sub-rogado dar início à execução, ou nela prosseguir. Assim, se um terceiro pagar a dívida, sub-rogando-se nos direitos do credor, será possível requerer o prosseguimento nos próprios autos, sem a necessidade de extinguir-se a execução originária.
Legitimidade passiva	**Devedor que figure como tal no título executivo:** só cabe execução contra quem figura no título. Por isso, havendo condenação do preposto por sentença penal, não é possível executar o preponente, já que ele não foi parte no processo criminal. **Espólio, sucessores ou herdeiros do devedor:** até o momento da partilha de bens, o espólio deverá ser demandado. Consumado tal ato, a legitimidade passiva passa para os herdeiros ou sucessores, sendo que respondem na proporção de cada parte que lhes couber na herança. Na hipótese de solidariedade passiva, os herdeiros ou devedores respondem apenas no limite da cota que corresponder o seu quinhão hereditário, salvo se a obrigação era indivisível. **Novo devedor:** nova pessoa assume o débito com o consentimento do credor. Sem a anuência desta, a cessão não vale. **Fiador do débito constante do título extrajudicial:** se o fiador tiver benefício de ordem, não é possível executá-lo isoladamente, sendo necessário incluir o devedor no polo passivo. Se ele tiver renunciado ao benefício, é possível executá-lo isoladamente. **O responsável titular do bem vinculado por garantia real ao pagamento do débito:** nesse caso, o titular do bem responderá nos limites do valor deste. **Responsável tributário:** é aquele que não pratica o fato gerador do tributo, mas é obrigado ao cumprimento da obrigação por disposição legal.
Litisconsórcio / intervenção de terceiros	**Responsável tributário:** é aquele que não pratica o fato gerador do tributo, mas é obrigado ao cumprimento da obrigação por disposição legal. **Litisconsórcio:** é admitido na execução, tanto no polo ativo como no passivo. É em regra facultativo, e cada credor poderá livremente executar a parte que lhe caiba, ou até a totalidade da dívida, na hipótese de solidariedade. Só será necessário quando versar sobre obrigação de fazer incindível, ou entrega de coisa indivisível. **Intervenção de terceiros:** não são admissíveis na execução apenas a denunciação da lide e o chamamento ao processo. As demais formas de intervenção, assistência, incidente de desconsideração da personalidade jurídica e *amicus curiae* são admissíveis, porque compatíveis com a execução.
Competência	**Regra:** são quatro os foros competentes para o cumprimento de sentença (CPC, art. 516), cabendo a escolha ao credor. Somente se a execução for proposta fora de qualquer dos quatro, o juiz pode declarar-se incompetente de ofício no: – juízo no qual o título se formou; – foro em que o executado tiver bens; – foro do domicílio atual do executado; – foro onde deva ser executada a obrigação de fazer ou não fazer. **Exceção:** sentença penal condenatória, sentença estrangeira e sentença arbitral, por implicarem formação de novo processo, correrão perante o juízo cível competente. A competência para a execução por título extrajudicial é do domicílio do executado, do foro de eleição ou o de situação dos bens a ela sujeitos (art. 781, I, do CPC). Trata-se de hipótese de competência relativa.

Execução Civil

7 REQUISITOS NECESSÁRIOS PARA A EXECUÇÃO

7.1. INADIMPLEMENTO DO DEVEDOR

Para que o credor tenha interesse de agir, é necessário que o devedor se tenha tornado inadimplente, isto é, não tenha satisfeito espontaneamente obrigação líquida, certa e exigível, consubstanciada em título executivo. Sempre que o devedor satisfizer a obrigação, não haverá como prosseguir a execução; sempre que houver satisfação parcial, só se poderá prosseguir sobre o remanescente.

Quando houver prestações simultâneas, de sorte que nenhum contratante possa exigir a prestação do outro, antes de ter cumprido a sua, não se procederá à execução se o devedor se propuser a cumprir a sua parte, empregando meios idôneos, e o credor recusar-se ao cumprimento da contraprestação. Trata-se de aplicação processual da exceção de contrato não cumprido prevista nos arts. 476 e 477 do CC. A *exceptio* só se aplica quando houver obrigações recíprocas e simultâneas.

7.2. TÍTULO EXECUTIVO

O título executivo é o documento dotado de eficácia para tornar adequada a tutela executiva de determinada pretensão. É a existência do título executivo que viabiliza o ajuizamento da execução. Sem ele, não há como executar (*nulla executio sine titulo*), pois é o título que dá a certeza da existência do crédito, necessária para que a esfera patrimonial do devedor seja invadida.

Além de necessário para desencadear a execução, seja sob a forma de processo autônomo, seja como uma fase do processo anterior, o título é que dará os contornos e os limites da execução. Como ela pode gerar consequências graves, implicando desapossamento de bens do devedor, não se deixa ao alvedrio dos interessados atribuir a determinado documento força executiva. Somente o legislador é que pode fazê-lo, cabendo exclusivamente à lei discriminar quais os títulos executivos.

O Código de Processo Civil enumera os títulos executivos judiciais e extrajudiciais nos arts. 515 e 784. Os primeiros ensejarão a execução imediata, nos mesmos autos, sem a formação de processo autônomo. Os segundos, a execução autônoma, tradicional.

7.2.1. NATUREZA JURÍDICA DO TÍTULO EXECUTIVO

É requisito indispensável para qualquer execução. Discute-se sua natureza jurídica, havendo numerosas teorias, que podem ser agrupadas em três categorias:

a) as que sustentam que o título é um documento que prova o débito. Seu principal defensor foi Carnelutti, para quem a lei considera título executivo o único documento capaz de provar a existência do crédito, com segurança suficiente para permitir a execução. A principal finalidade do título seria provar, documentar a existência do crédito que se executa;

b) as que o consideram ato capaz de desencadear a sanção executiva. É a acolhida por Enrico Tulio Liebman, para quem o título é ato constitutivo da concreta vontade sancionatória do Estado. Sua função não é documentar a existência do crédito, tanto que podem existir títulos sem que o crédito efetivamente exista, mas funcionar como ato-chave capaz de desencadear a execução. A sanção executiva não pressupõe a existência do crédito, mas a existência do título. O juiz deferirá a execução sem examinar se o crédito existe ou não, mas apenas se ela está ou não arrimada em título executivo. Este goza de autonomia em relação ao crédito, sendo, por si só, condição necessária e suficiente para o desencadeamento da sanção executiva;

c) **as que lhe atribuem natureza de ato e documento, simultaneamente**. Teoria sustentada, entre outros, por Satta, para quem não é suficiente considerar o título só como documento ou só como ato, sendo necessário conciliar as duas coisas. Para os seus adeptos, o título não pode ser desvinculado do crédito. **O título e o crédito devem ser considerados uma só coisa, com dois enfoques distintos**. Aquele seria o instrumento formal do crédito, o continente, do qual o crédito é o conteúdo. Não significa que o aforamento da execução esteja condicionado à efetiva existência do crédito. O título, por si só, é causa suficiente para o ajuizamento da execução, sendo sua razão direta e imediata. Mas é dada ao devedor a possibilidade de, na própria execução ou por embargos, demonstrar que o crédito não existe ou está extinto. Para o ajuizamento da execução basta o título, indicador em abstrato do crédito. Mas a sua existência, em concreto, só será verificada no curso da execução ou de eventuais embargos.

A primeira teoria não vê autonomia entre o título e o crédito, pressupondo que, se há o primeiro, há o segundo. A segunda teoria vê no título uma autonomia absoluta: o título vale como ato-chave da execução por si, independentemente da existência ou não do crédito. Por fim, a terceira vê o título como autônomo, já que basta para que se desencadeie a execução; mas não afasta a possibilidade de que, no seu curso, o devedor consiga eximir-se comprovando que, apesar do título, o crédito não existe ou está extinto. O título é abstrato, mas não a ponto de impedir qualquer indagação a respeito do crédito, que deverá ser suscitada pelos mecanismos procedimentais adequados. Ao deferir a execução, o juiz vai apenas examinar se há título e inadimplemento. No seu curso, a inexistência do crédito poderá ser suscitada e discutida pelas vias próprias.

A maior parte da doutrina brasileira tem adotado essa concepção do título executivo (entre outros, Costa Silva, Sérgio Shimura, Humberto Theodoro Júnior e Araken de Assis).

7.2.2. TÍTULOS EXECUTIVOS JUDICIAIS

Os títulos executivos judiciais são:

a) **As decisões proferidas no processo civil que reconheçam a exigibilidade de obrigação de pagar quantia, de fazer, de não fazer ou de entregar coisa ou pagar quantia**. O dispositivo fala, acertadamente, em decisão, e não mais em sentença, como fazia o CPC/73. Essa solução é coerente com o sistema implementado pela nova lei, que autoriza o julgamento de mérito por sentença ou por decisão interlocutória. O art. 356 do CPC permite o julgamento antecipado parcial do mérito. Isso significa que, antes de proferir sentença, se o juiz já estiver em condições de julgar um ou alguns dos pedidos formulados, ou parcela deles, seja porque se mostram incontroversos, seja por independerem de outras provas, ele deverá fazê-lo, determinando o prosseguimento do processo em relação aos demais pedidos, cuja apreciação exige regular instrução. Com isso, o julgamento do mérito fica cindido. Parte dos pedidos será apreciada antecipadamente (daí falar-se em julgamento antecipado parcial), parte será apreciada apenas ao final, na sentença. Ora, ao proceder ao julgamento antecipado parcial, de um ou alguns dos pedidos, o juiz não estará pondo fim nem ao processo nem à fase cognitiva. Por isso, a natureza de sua decisão é interlocutória, desafiando a interposição de agravo de instrumento, e não de apelação. Caso essa decisão reconheça a obrigação do réu, seja de pagar, seja de entregar coisa ou de fazer ou não fazer, e ao recurso interposto não seja dado efeito suspensivo, ou não haja recurso nenhum, a decisão poderá ser executada. Portanto, podem ser títulos executivos judiciais tanto a decisão interlocutória quanto a sentença, desde que reconheçam a existência da obrigação do réu.

Execução Civil

O CPC/1973, em sua redação originária, considerava título a sentença civil condenatória. Estabelecia, portanto, uma restrição quanto à natureza da ação ajuizada, uma vez que exigia que houvesse condenação, o que só era possível nas ações e processos de natureza condenatória. Porém, desde a edição da Lei n. 11.232/2005 (portanto já antes da entrada em vigor do atual CPC), a redação originária acima aludida foi substituída por outra, que causou perplexidade. A nova redação não falava mais em sentença condenatória, mas em sentença que reconheça a existência de obrigação de fazer, não fazer, entregar coisa ou pagar quantia. O CPC atual manteve essa redação, apenas substituindo "sentença" por "decisão", e "existência" por "exigibilidade". Não se fala mais em condenação, o que trouxe, desde logo, controvérsia a respeito da possibilidade de outras decisões, que não condenatórias, poderem ser executadas, desde que reconhecendo a exigibilidade de obrigação. Um exemplo: devedor contra quem foi emitida uma duplicata, protestada, ajuíza ação postulando a declaração de inexigibilidade da obrigação de pagar. A ação proposta é meramente declaratória e tem por fim declarar a inexigibilidade do débito. Colhidas as provas necessárias, o juiz conclui que a dívida existe e que a pretensão declaratória é improcedente. Ao proferir a sentença o juiz, concluindo pela improcedência da pretensão declaratória de inexigibilidade do débito, estará reconhecendo a sua exigibilidade. A sentença é meramente declaratória, mas reconheceu a exigibilidade da dívida. Poderia o réu promover a execução dele, cuja inexigibilidade era objeto da pretensão formulada e que acabou julgada improcedente? A questão é de grande relevância, porque a nova redação do dispositivo legal parecia atribuir força executiva às decisões não mais em decorrência da natureza da ação ou da decisão proferida, mas em decorrência do seu conteúdo. De acordo com a nova redação, o mais importante não seria que a sentença ou decisão fosse condenatória, mas que reconhecesse a existência da dívida, para ser considerada título executivo. A controvérsia prolongou-se, dividindo doutrina e jurisprudência. Mas finalmente o Superior Tribunal de Justiça pronunciou-se a respeito, em recurso especial ao qual foi atribuída eficácia de recurso repetitivo (Temas 0889, REsp 1.324.152/SP, rel. Luis Felipe Salomão). Consta da emenda do V. Acórdão proferido no julgamento: "PROCESSO CIVIL. RECURSO ESPECIAL REPRESENTATIVO DA CONTROVÉRSIA. ART. 543-C DO CPC. EXEQUIBILIDADE DE SENTENÇAS NÃO CONDENATÓRIAS. ARTIGO 475-N, I, DO CPC. 1. Para fins do art. 543-C do CPC, firma-se a seguinte tese: 'A sentença, qualquer que seja sua natureza, de procedência ou improcedência do pedido, constitui título executivo judicial, desde que estabeleça obrigação de pagar quantia, de fazer, não fazer ou entregar coisa, admitida sua prévia liquidação e execução nos próprios autos'".

E do corpo do V. Acórdão pode-se ler: "Com efeito, a decisão de cunho condenatório sempre foi considerada o título executivo judicial por excelência, à evidência da norma inserta no revogado art. 584, I, do CPC:

Art. 584. São títulos executivos judiciais: (Revogado pela Lei n. 11.232, de 2005) I – a sentença condenatória proferida no processo civil;

A grande carga de executividade dessa espécie de decisão decorre do fato de que seu comando consubstancia efetiva manifestação judicial acerca da existência e validade da relação jurídica controvertida e da exigibilidade da pretensão que dela deriva, revestindo-a com o grau de certeza exigido pela lei quanto à obrigação inadimplida, em virtude da identificação de todos os elementos dessa relação jurídica. Às decisões de natureza declaratória, contudo, antes da vigência da Lei n. 11.232/2005, era negada a eficácia executiva, ainda que secundária, ao argumento de que elas se limitavam à declaração de certeza acerca da existência ou da inexistência de relação jurídica (art. 4º do CPC) – o que constituiria o cerne da pretensão exercitada –, não se estendendo ao reconhecimento da existência de prestação a cargo do vencido. Diante disso, para fins de aferição da exequibilidade do provimento judicial, a utilização do critério da natureza da decisão não parece ser o melhor caminho, porquanto enseja polêmicas intermináveis e inócuas, que não oferecem contribuição no campo prático. Na verdade, o exame do conteúdo da decisão mostra-se método mais adequado à discriminação das sentenças passíveis de serem consideradas como título executivo, bastando, para tanto, que ela contenha 'a identificação integral de uma norma jurídica concreta, com prestação exigível de dar, fazer, não fazer ou pagar quantia' (ZAVASCKI, Teori Albino. *Processo de execução*. São Paulo: Editora RT, 2004, p. 309). Nesse ponto, é relevante salientar que os referidos dispositivos legais não atribuem eficácia executiva a todas as sentenças declaratórias indiscriminadamente, mas apenas àquelas que, reconhecendo a existência da obrigação, contenham, em seu bojo, os pressupostos de certeza e exigibilidade (art. 586 do CPC), sendo certo que, na ausência de liquidez, é admitida a prévia liquidação, tal qual ocorre com o provimento condenatório".

Diante dos termos do V. Acórdão, conclui-se que o Superior Tribunal de Justiça reconheceu a exequibilidade de toda e qualquer decisão em que haja o reconhecimento da exigibilidade de obrigação, independentemente da natureza da ação ou da decisão proferida. Não é indispensável que ela seja condenatória, bastando que da leitura de seu conteúdo resulte o reconhecimento da exigibilidade da obrigação.

b) **Decisão homologatória de autocomposição judicial**. Pressupõe processo já instaurado, no qual as partes se compuseram. A decisão que homologa a autocomposição será título executivo, ainda que inclua matéria não posta em juízo. A decisão, se versar sobre todo o objeto do processo, o extinguirá com resolução de mérito, nos termos do art. 487, III, *b*. Também será título executivo judicial a decisão que homologar à renúncia, pelo autor, ao direito em que se funda a ação, e o reconhecimento jurídico, pelo réu, do pedido do autor.

c) **Decisão homologatória de autocomposição extrajudicial de qualquer natureza**. Dentre os procedimentos de jurisdição voluntária, foi prevista a homologação de autocomposição extrajudicial, de qualquer natureza ou valor (art. 725, VIII, do CPC). Aqueles que celebram autocomposição extrajudicial, seja ela qual for, podem levá-la à homologação judicial, observado o procedimento dos arts. 719 e s., valendo a decisão ou sentença homologatória como título executivo judicial.

Não é preciso, para homologação, que o acordo seja assinado por testemunhas, bastando que esteja formalmente em ordem. Desde que imponha aos celebrantes alguma prestação, valerá como título executivo judicial.

d) **Formal e certidão de partilha**, exclusivamente em relação ao inventariante, aos herdeiros e aos sucessores a título singular ou universal.

Como esses títulos só têm força em relação às pessoas mencionadas, se determinado bem da herança estiver com terceiro, não será possível promover a execução, senão depois de passar pelo processo de conhecimento.

e) **Créditos de auxiliares da justiça aprovados por decisão judicial**. São títulos executivos judiciais os créditos dos auxiliares da justiça aprovados por decisão judicial. Os auxiliares abrangem, entre outros, os serventuários da justiça, o perito, o intérprete ou tradutor.

O CPC em vigor corrigiu o equívoco do anterior, que considerava tais créditos como títulos extrajudiciais, o que não se justificava, já que a sua eficácia dependia de aprovação por decisão judicial.

f) **Sentença penal condenatória transitada em julgado**. Continua ensejando a formação de um processo autônomo de cumprimento de sentença, já que não há prévio processo civil de conhecimento.

Há necessidade de que a condenação tenha transitado em julgado. Por força do princípio da presunção de inocência, a sentença criminal condenatória não poderá produzir efeitos, ainda que civis, enquanto não houver o trânsito em julgado.

Execução Civil

É possível que determinados atos produzam efeitos na seara civil e no aspecto criminal. Desde que haja uma sentença criminal, transitada em julgado, não mais se pode discutir a culpa do agente. Se do fato resultar dano para a vítima, não haverá necessidade de que ela ingresse com uma ação de conhecimento, pois a condenação criminal impede a rediscussão do *an debeatur*. Afinal, a prova exigida para a condenação criminal há de ser sempre mais sólida que a necessária na área cível. Além disso, no cível, a culpa, ainda que levíssima, é bastante para a responsabilização do agente.

Diante disso, tendo havido condenação criminal, só restará a apuração do *quantum debeatur*, o que se fará por meio de liquidação, em regra de procedimento comum, no juízo cível.

A eficácia executiva da sentença penal condenatória pode trazer uma série de consequências processuais, algumas de difícil solução. Um atropelamento, por exemplo, pode ensejar a propositura de uma ação civil, ajuizada pela vítima, e de uma ação penal, ajuizada pelo Ministério Público. Em ambas, será réu o motorista atropelante. Na ação civil de reparação de danos, pretende a vítima obter título executivo judicial hábil a ensejar a propositura de execução que permita a ela ressarcir-se. Pode ocorrer, porém, que, no curso da ação civil, sobrevenha sentença penal condenatória transitada em julgado do motorista atropelante. Nesse caso, a vítima já terá título executivo judicial, e o processo cível deverá ser extinto sem resolução de mérito, por falta de interesse superveniente. Como a falta de interesse é superveniente, a verba de sucumbência deverá ser carreada ao réu, que foi quem deu causa à instauração da ação civil, ainda que tenha havido extinção sem resolução do mérito. A extinção deve-se ao fato de que a vítima já obteve o que pretendia no processo de conhecimento.

Ressalva-se, no entanto, a possibilidade de o feito prosseguir se, já em fase adiantada, puder ele ser utilizado para a fixação do *quantum debeatur*, tornando despicienda futura liquidação, inexorável nas execuções civis de sentenças penais condenatórias.

Portanto, sempre que sobrevier sentença penal condenatória no curso de ação de reparação de danos, o juiz ou extinguirá o processo de conhecimento, ou determinará o seu prosseguimento apenas para a apuração do valor do débito.

Mais grave ainda é o problema do conflito entre sentença civil e criminal, transitadas em julgado. Se o motorista atropelante, para usar o exemplo anterior, foi absolvido no crime, por falta de provas, e condenado no cível, ele não existirá. Porém, se a ação civil for julgada improcedente, transitar em julgado e, mais tarde, for proferida sentença criminal condenatória, que também transitar em julgado, a incompatibilidade será manifesta.

Caberá, então, indagar da possibilidade de executar-se a sentença penal condenatória proferida contra o atropelante, se já houve sentença civil de improcedência.

A matéria é controversa. Alguns autores entendem que a resposta para tal indagação é afirmativa, porque a sentença penal condenatória é, por si só, bastante para ensejar a execução (nesse sentido, Humberto Theodoro Júnior, *Processo de execução*, Leud, 1986, e Sálvio de Figueiredo Teixeira, *Código de Processo Civil anotado*, 6. ed., Saraiva, 1996, p. 404). No entanto, não há razão para que, na jurisdição civil, prevaleça a posterior condenação criminal. A execução civil da sentença penal condenatória encontrará óbice na autoridade da coisa julgada que reveste a sentença civil de improcedência. Caberá ao lesado, se o desejar, promover ação rescisória dessa sentença, respeitados os requisitos exigidos pelo art. 966 do CPC e o prazo de dois anos.

Nunca é demais lembrar que a sentença penal condenatória só poderá ser executada contra quem foi proferida. Assim, condenado o empregado, não há como executar o patrão, que poderá rediscutir, na esfera cível, a culpa do preposto. Isso porque ele, não tendo participado do processo criminal, não pode ser atingido pela sentença, sendo-lhe facultado rediscutir tudo o que tenha sido decidido. Da mesma forma, condenado o sócio, não há como executar a sociedade.

De acordo com o estabelecido no art. 387, IV, do CPP, o juiz, ao proferir sentença condenatória, fixará o valor mínimo para reparação dos danos causados pela infração, considerando os prejuízos sofridos. O uso da expressão "valor mínimo" deixa claro que, caso a vítima – que não participou do processo penal – considere que o valor fixado é insuficiente, ela pode buscar, na esfera cível, uma complementação, que torne a indenização, a seu ver, integral. Como já há sentença condenatória, bastará que ela promova a liquidação, em regra pelo procedimento comum, dos danos não abrangidos pelo montante mínimo anteriormente fixado, valendo-se oportunamente do cumprimento de sentença.

Seja como valor, caso haja a fixação do valor mínimo, o ofendido os seus herdeiros poderão promover, desde logo, o cumprimento de sentença do valor fixado, caso em que será desnecessária a liquidação, porque o valor terá sido fixado na sentença penal, sem prejuízo de buscar a liquidação e a execução de eventual valor complementar.

A redução do art. 387, IV, que utiliza o verbo no imperativo, poderia transmitir a ideia de que o juiz criminal, obrigatoriamente, teria de fixar o valor mínimo, mas não nos parecer ser essa a melhor solução, uma vez que nem sempre será possível obter, no processo criminal, dados e informações que bastem para que o valor mínimo seja fixado.

A questão da possibilidade de fixação de ofício, pelo juiz criminal, desse valor mínimo de indenização, que foi objeto de tanta controvérsia, ficou superada com a edição da Lei n. 13.869/2019, cujo art. 4º, I, exige o requerimento do ofendido.

g) **Sentença arbitral.** Haverá processo autônomo de execução, que observará, no entanto, o procedimento do cumprimento de sentença, com a ressalva de que o réu terá de ser citado. Isso porque a sentença não foi precedida de processo de conhecimento civil. A sentença arbitral deve obedecer ao disposto na Lei n. 9.307/96. A lei a considera título executivo judicial, embora ela não seja produzida por um juiz, mas por um árbitro. O Supremo Tribunal Federal já reconheceu a constitucionalidade da arbitragem, e a desnecessidade de que a sentença arbitral seja homologada em juízo. Sua execução, no entanto, só pode ser feita judicialmente, já que exige atos de coerção.

h) **Sentença estrangeira, homologada pelo Superior Tribunal de Justiça.** A Emenda Constitucional n. 45 retirou do Supremo Tribunal Federal a atribuição para homologar sentença estrangeira, passando-a ao Superior Tribunal de Justiça. Haverá aqui a formação de um processo autônomo de cumprimento de sentença, com necessidade de citar, e não apenas intimar o devedor. Sem a homologação, a sentença carece de autoridade no território nacional. Homologada, o cumprimento de sentença deverá ser ajuizado perante a justiça federal, na vara cível competente, de acordo com as regras gerais de competência do Código.

i) **Decisão interlocutória estrangeira, após a concessão do *exequatur* à carta rogatória pelo Superior Tribunal de Justiça.** Também a decisão interlocutória estrangeira, de cunho condenatório, valerá como título executivo judicial, desde que seja homologada ou seja concedido o *exequatur* pelo Superior Tribunal de Justiça, observado o disposto nos arts. 960 e s. do CPC.

Há dois títulos executivos judiciais que não estão previstos no rol do art. 515: **1)** a decisão que defere a tutela antecipada reconhecendo obrigação. Tal decisão enseja cumprimento provisório. É possível que o juiz conceda tutela antecipada determinando que o réu cumpra uma prestação, de pagar, entregar alguma coisa, fazer ou não fazer. Ela poderá ser executada, embora a execução seja provisória, sendo conveniente que se realize em apenso aos autos principais, para não os tumultuar; **2)** a decisão inicial da ação monitória, quando não forem opostos embargos. O art. 702, § 4º, do CPC, que trata da ação monitória, estabelece que "A oposição dos embargos suspende a eficácia da decisão referida no 'caput' do art. 701

Execução Civil

até o julgamento em primeiro grau". Se os embargos não forem opostos, constituir-se-á de pleno direito o título executivo judicial, convertendo-se o mandado inicial em mandado executivo, prosseguindo-se como cumprimento de sentença (art. 701, § 2º).

A conversão far-se-á sem que seja proferida sentença. **É a decisão inicial que adquirirá força de título executivo judicial.**

Essas duas hipóteses, conquanto não previstas no art. 515 do CPC, não ofendem o princípio da taxatividade, porque ambas estão previstas em lei.

7.2.3. TÍTULOS EXECUTIVOS EXTRAJUDICIAIS

Os títulos executivos extrajudiciais estão enumerados no art. 784 do CPC. São eles:

"I – a letra de câmbio, a nota promissória, a duplicata, a debênture e o cheque."

A duplicata só é título executivo se aceita; não aceita, ela só terá força executiva se acompanhada do instrumento de protesto, do comprovante de entrega da mercadoria ou da prestação do serviço, e se o sacado não houver recusado o aceite, na forma como lhe é facultado na Lei das Duplicatas (Lei n. 5.474/68, arts. 7º, 8º e 15, II, c).

"II – a escritura pública ou outro documento público assinado pelo devedor."

Escritura ou documento público são os lavrados por tabelião ou funcionário público no exercício das suas funções.

A escritura que enseja a execução é aquela que contém declaração de vontade do devedor, comprometendo-se a cumprir determinada prestação. Não é necessária a assinatura de testemunhas, nem do próprio devedor, bastando que o tabelião, que goza de fé pública, certifique que ele manifestou a sua vontade.

"III – o documento particular assinado pelo devedor e por 2 (duas) testemunhas."

Terá força executiva o documento firmado pelo devedor, **no qual ele reconheça uma obrigação de pagar, fazer ou não fazer ou entregar coisa, desde que venha assinado por duas testemunhas.** Não há exigência de forma especial, mas é preciso que as testemunhas estejam aptas a testemunhar em juízo, se for necessário.

Por isso, não devem figurar como tais as pessoas sobre as quais recaiam as vedações do art. 447 do CPC.

Discute-se sobre a força executiva do documento se as testemunhas não estavam presentes no momento em que o devedor o assinou, tendo-o firmado posteriormente. O Superior Tribunal de Justiça tem decidido que a lei "não exige que a assinatura das testemunhas seja contemporânea à do devedor" (REsp 8.849/DF, rel. Min. Nilson Naves).

Tampouco haverá nulidade se as testemunhas não estiverem previamente identificadas no título, bastando que sejam identificáveis, caso isso se faça necessário.

Recentemente, têm sido proferidas decisões pelo Superior Tribunal de Justiça que asseguram eficácia executiva a contrato eletrônico, com assinatura digital, ainda que sem a assinatura de duas testemunhas. É o que ficou decidido no REsp 1.495.920, de 15 de maio de 2018: "Recurso especial. Civil e processual civil. Execução de título extrajudicial. Executividade de contrato eletrônico de mútuo assinado digitalmente (criptografia assimétrica) em conformidade com a infraestrutura de chaves públicas brasileira. Taxatividade dos títulos executivos. Possibilidade, em face das peculiaridades da constituição do crédito, de ser excepcionado o disposto no art. 585, inciso II, do CPC/73 (art. 784, inciso III, do CPC/2015). Quando a existência e a higidez do negócio puderem ser verificadas de outras formas, que não mediante testemunhas, reconhecendo-se executividade ao contrato eletrônico. Precedentes".

A Lei n. 14.620, de 13 de julho de 2023, acresceu o § 4º ao art. 784 do CPC, passando a regulamentar os títulos constituídos ou atestados por meio eletrônico: "Nos títulos executivos constituídos ou atestados por meio eletrônico, é admitida qualquer modalidade de assinatura eletrônica prevista em lei, dispensada a assinatura de testemunhas quando sua integridade for conferida por provedor de assinatura". Parece-nos que, com a edição da nova lei, não há mais como prevalecer o entendimento de que apenas aqueles contratos assinados eletronicamente com uso de certificados da ICP-Brasil constituiriam títulos executivos, já que a lei autoriza o uso de qualquer meio de assinatura eletrônica.

"IV – o instrumento de transação referendado pelo Ministério Público, pela Defensoria Pública, pela Advocacia Pública, pelos advogados dos transatores ou por mediador ou conciliador credenciado pelo tribunal."

A transação pode ser levada a juízo para homologação, caso em que se formará título executivo judicial. Mas se, em vez de homologada pelo juízo, **for referendada pelo Ministério Público, pela Defensoria Pública, pela Advocacia Pública, pelos advogados dos transatores ou pelo conciliador ou mediador credenciado por tribunal, o título será extrajudicial**. A lei não se contenta com a assinatura, mas exige o **referendo**, isto é, a aprovação do acordo por parte dos entes que o subscrevem ou dos advogados das partes.

As assinaturas asseguram que o acordo foi voluntário e que os transatores tinham conhecimento do seu conteúdo.

Mesmo que os subscritores não sejam advogados das partes, o título, ainda assim, terá eficácia executiva, já que eles servirão como testemunhas. Mas, se o advogado for constituído por ambos os transatores, a sua assinatura, apesar de única, será bastante para garantir força executiva ao instrumento de transação.

"V – o contrato garantido por hipoteca, penhor, anticrese ou outro direito real de garantia e aquele garantido por caução."

São os direitos reais de garantia, acessórios a uma obrigação principal. O bem sobre o qual a garantia recai fica afetado ao pagamento do débito e, se houver excussão, o credor terá direito de preferência ao levantar o produto.

O que se executa não é o direito real, mas a dívida garantida por ele. É título executivo o documento que contém obrigação de pagar dívida líquida, quando garantida por hipoteca, penhor, anticrese ou outro direito real de garantia. Poderá haver execução se a garantia real constar do mesmo instrumento em que ficou consignada a dívida, ou de documento distinto. Já as cauções são garantias que visam assegurar ao credor o pagamento. Podem ser de duas espécies: **real e fidejussória**.

A caução real é aquela em que um bem é afetado ao pagamento da dívida, para que, em futura excussão, o produto sirva prioritariamente para pagar o credor beneficiário. Insere-se na categoria dos direitos reais de garantia, como a hipoteca, o penhor e a anticrese.

A caução fidejussória é a que decorre da fiança, que poderá ser legal, judicial ou convencional.

A fiança é sempre um contrato acessório e terá a mesma natureza do contrato principal. Se ela é dada como garantia de uma obrigação consubstanciada em título executivo extrajudicial, também terá essa natureza. Por exemplo: a dada em contrato escrito de locação será título extrajudicial. Já se o contrato garantido não tem força executiva, a fiança também não poderá ter.

"VI – o contrato de seguro de vida em caso de morte."

O contrato de seguro de vida é aquele em que o segurador se compromete a, em caso de falecimento do segurado, pagar determinada indenização ao beneficiário por ele instituído. A inicial da execução deve vir instruída com a apólice de seguro e com o comprovante do falecimento do segurado. Os contratos de seguro de acidentes pessoais não são títulos executivos.

Execução Civil

"VII – o crédito decorrente de foro e laudêmio."

O foro e o laudêmio estão relacionados ao direito real de enfiteuse, que não é tratado no Código Civil de 2002, mas as constituídas anteriormente foram preservadas. O foro constitui a obrigação de o enfiteuta pagar ao senhorio direto uma pensão anual; e o laudêmio é a compensação recebida pelo senhorio, a quem não foi dado, pelo enfiteuta, direito de preferência na transferência do domínio útil da coisa.

"VIII – o crédito, documentalmente comprovado, decorrente de aluguel de imóvel, bem como de encargos acessórios, tais como taxas e despesas de condomínio."

O contrato escrito de locação é título executivo extrajudicial, ainda que não firmado por duas testemunhas. Portanto, o locador que tiver contrato escrito não precisará socorrer-se do processo de conhecimento, bastando-lhe, desde logo, ajuizar a execução.

A cobrança de despesas condominiais deve ser feita pelo condomínio ao condômino, por meio de execução ou cobrança. O condomínio cobrará do condômino todas as despesas condominiais, ordinárias e extraordinárias. Caso o imóvel esteja locado, ainda assim o proprietário responderá, perante o condomínio, por todas as despesas. No entanto, o locador poderá reembolsar-se das despesas ordinárias, carreando-as ao locatário, pela via executiva, se houver contrato escrito. O dispositivo evidencia a possibilidade de cobrança, pela via executiva, de outros encargos acessórios, desde que relacionados à locação, como taxas de água, luz e IPTU.

"IX – a certidão de dívida ativa da Fazenda Pública da União, dos Estados, do Distrito Federal e dos Municípios, correspondente aos créditos inscritos na forma da lei."

A execução fundada nesses títulos é a fiscal, regida pela Lei n. 6.830/80.

"X – o crédito referente às contribuições ordinárias e extraordinárias de condomínio edilício, previstas na respectiva convenção ou aprovadas em assembleia geral, desde que documentalmente comprovadas."

Trata-se de importante novidade trazida pelo CPC atual, já que o anterior não permitia a cobrança de despesas condominiais pela via executiva, exigindo processo de conhecimento, de procedimento sumário. A nova lei considera título executivo o crédito decorrente das despesas condominiais, tanto ordinárias quanto extraordinárias. Contudo, para que se viabilize a execução, é indispensável que a despesa tenha sido prevista na convenção ou que tenha sido aprovada em assembleia geral, o que deve ser comprovado documentalmente. A inicial da execução deve vir instruída com tais documentos. Se eles não existirem, a cobrança das despesas condominiais deverá ser feita por processo de conhecimento. Não há óbice à execução das prestações vencidas e das vincendas, a partir do momento em que se forem vencendo. O art. 323 do CPC poderá ser aplicado, já que as regras do processo de conhecimento aplicam-se supletivamente ao processo de execução (art. 318, parágrafo único). Não há incompatibilidade dessa regra com o processo de execução, já que o próprio legislador previu outra hipótese semelhante no art. 911, o qual, na execução por título extrajudicial de alimentos, autoriza a inclusão das prestações vincendas. Nesse sentido, o Enunciado 86 da I Jornada de Direito Processual Civil da Justiça Federal, que assim estabelece: "As prestações vincendas até o efetivo cumprimento da obrigação incluem-se na execução de título executivo extrajudicial (arts. 323 e 318, parágrafo único, do CPC)".

"XI – a certidão expedida por serventia notarial ou de registro, relativa a valores de emolumentos e demais despesas devidas pelos atos por ela praticados, fixados nas tabelas estabelecidas em lei."

Essa hipótese também não estava prevista no CPC anterior. Os Tabelionatos Oficiais de Registros Públicos poderão emitir certidão, que goza de presunção de fé pública, para cobrança dos emolumentos ou despesas relativas aos atos praticados. Tais certidões têm força de título executivo extrajudicial e permitem o ajuizamento do processo de execução.

"XII – todos os demais títulos aos quais, por disposição expressa, a lei atribuir força executiva."

A lei pode criar outros títulos executivos extrajudiciais, além do rol do art. 784 do CPC. Assim, as cédulas de crédito rural e industrial, os certificados de depósito bancário, o *warrant* e o conhecimento de depósito, entre outros.

Não são, porém, títulos executivos extrajudiciais os contratos de abertura de crédito, ainda que firmados por duas testemunhas e acompanhados dos extratos. A questão pacificou-se com a edição da Súmula 233 do colendo Superior Tribunal de Justiça.

Dentre os títulos executivos extrajudiciais previstos por outras leis, destaca-se ainda o contrato de honorários advocatícios, mencionado no art. 24 da Lei n. 8.906/94. Eles não se confundem com os honorários da sucumbência, fixados na sentença e que serão objeto de execução judicial nos mesmos autos. São aqueles que o advogado e seu cliente tenham convencionado em contrato que indicará o montante. Para que haja força executiva, não é preciso que venha firmado por duas testemunhas, nem que obedeça à formalidade especial, mas é indispensável que indique o *quantum debeatur*. Se este não for estabelecido no contrato, ou se depender de cálculos outros, que não os meramente aritméticos, será preciso que o advogado ajuíze, em face do cliente, uma ação de arbitramento ou cobrança, de procedimento comum.

Antes de concluir o capítulo relativo aos títulos executivos extrajudiciais, cumpre indicar importante inovação, trazida pelo art. 785 do CPC, que afasta dúvida que havia durante a vigência do CPC anterior. Discutia-se sobre a possibilidade de o credor, munido de título extrajudicial, optar pelo ajuizamento do processo de conhecimento para obter título judicial. Para parte da doutrina, não haveria interesse de agir, pois o credor já estava munido de título. No entanto, o Superior Tribunal de Justiça já vinha autorizando a opção do credor, sobretudo porque no cumprimento de sentença a amplitude da defesa do devedor, na impugnação, é muito menor do que nos embargos, opostos na execução por título extrajudicial. Esse é o entendimento que acabou por prevalecer: o credor, ainda que munido de título extrajudicial, pode preferir valer-se do processo de conhecimento para obter o título judicial, não se podendo mais falar, nesses casos, na inexistência de interesse de agir. O interesse do credor consistirá na obtenção de um título que lhe dará acesso ao cumprimento de sentença, e não mais à execução por título extrajudicial.

8 REQUISITOS DO TÍTULO EXECUTIVO

O art. 783 do CPC estabelece que a execução para a cobrança de crédito fundar-se-á sempre em título de obrigação líquida, certa e exigível. A obrigação é certa quando não há controvérsia quanto à existência do crédito. A certeza decorre, normalmente, da perfeição formal do título.

É preciso considerar que, a partir do momento que o legislador atribuiu a determinado documento força executiva, ele passou a considerar que o crédito contido naquele documento é dotado de certeza, desde que preenchidos todos os requisitos formais. Em suma, se o título executivo estiver formalmente perfeito, será certo o crédito nele contido.

A obrigação é líquida quando determinados o valor e a natureza daquilo que se deve. O crédito é certo quando se sabe que se deve; líquido, quando se sabe quanto e o que se deve. A obrigação não deixa de ser líquida por não apontar o montante da dívida, desde que se possa, pelos elementos contidos no título, e por simples cálculo aritmético, chegar ao valor devido.

Execução Civil

A obrigação contida no título extrajudicial tem sempre de ser líquida para ensejar a execução. Não existe liquidação de título extrajudicial. Já os títulos judiciais podem ser ilíquidos. Se assim for, antes do início da execução, é necessário que se proceda à liquidação do débito. Se a sentença for parte líquida, parte ilíquida, não haverá óbice a que se promova, simultaneamente, a execução daquela e a liquidação desta.

A exigibilidade diz respeito ao vencimento da dívida. Se a obrigação estiver sujeita a condição ou termo, somente com a verificação de um dos dois institutos é que o crédito ter-se-á tornado exigível.

Sendo o título o ato-documento que abre as portas à sanção executiva, não é dado criá-lo, sem expressa previsão legal. Cumpre ao legislador estabelecer quais são os títulos e o rol legal é taxativo (*numerus clausus*).

Além disso, aplica-se o princípio da tipicidade. Não basta que se enumerem os títulos: a lei ainda deve criar tipos, modelos legais, padrões, que devem ser respeitados caso se queira criá-los. Uma promissória, um cheque ou uma sentença devem obedecer aos padrões estabelecidos pelo legislador.

Pode ocorrer o cúmulo de execuções, em que duas ou mais obrigações, representadas por títulos distintos, são objeto do mesmo processo. É necessário que sejam preenchidos os requisitos gerais da cumulação de pretensões, formulados nos incisos do art. 327, § 1º, do CPC: que os pedidos sejam compatíveis, que seja competente o mesmo juízo e que o procedimento seja adequado para todas as pretensões. Tal possibilidade vem consignada no art. 780 do CPC: "O exequente pode cumular várias execuções, ainda que fundadas em títulos diferentes, quando o executado for o mesmo e desde que para todas elas seja competente o mesmo juízo e idêntico o procedimento".

São comuns os casos, por exemplo, de promissórias firmadas como garantia de pagamento de prestações distintas do mesmo contrato. Havendo mais de uma vencida, será caso de cumular as execuções.

Outra possibilidade é haver um mesmo crédito consubstanciado em dois ou mais títulos executivos. Por exemplo: uma confissão de dívida firmada por duas testemunhas e ainda garantida por uma promissória de mesmo valor. Não há óbice a que uma mesma execução esteja fundada em dois ou mais títulos executivos, nos termos da Súmula 27 do STJ: "Pode a execução fundar-se em mais de um título executivo extrajudicial relativo ao mesmo negócio". Caso algum deles seja inválido, a execução prosseguirá com fundamento no outro.

Não será possível, porém, a cumulação de execução por título extrajudicial e de cumprimento de sentença, dada a diversidade de procedimentos adotados.

Questão relevante é a que diz respeito à possibilidade de a execução por título extrajudicial ser instruída não com o original do título, mas com cópia. Em regra, a resposta é negativa, porque, embora a cópia autenticada possa fazer a mesma prova que o original, se o credor a utilizasse, poderia, em tese, ajuizar diferentes execuções, com base no mesmo título, instruindo cada qual com uma via. O problema se agrava quando o título for daqueles que circulam, como os de crédito. Bastaria a um credor tirar cópia autenticada de um cheque para poder ajuizar a execução, ainda que tenha feito o título circular, o que não se pode admitir.

Por questão de segurança jurídica é que se exige que a inicial da execução seja instruída com o original do título. Mas essa regra não é absoluta e cede quando se prova que o original não pode ser juntado por razões alheias à vontade do credor. Por exemplo, o cheque emitido pelo devedor está juntado aos autos de um inquérito policial ou de um processo criminal para apuração de crime de estelionato. O credor não poderá ficar privado de promover a execução enquanto tramita o processo-crime e poderá instruir a execução civil com cópia do cheque e certidão comprovando que o título está juntado em outros autos.

Também se admite a cópia do título em execução provisória quando os autos principais estão no órgão *ad quem*, aguardando o julgamento do recurso.

SINOPSES JURÍDICAS

Quadro sinótico – Requisitos necessários para a execução

Inadimplemento do devedor	**Título executivo**	Títulos executivos judiciais: art. 515. Títulos executivos extrajudiciais: art. 784.
	Requisitos dos títulos executivos	Obrigação líquida, certa e exigível: **Líquida:** a natureza do débito predeterminada e o valor já fixado. Caso não haja valor fixado, haverá processo de liquidação de sentença. **Certa:** não há controvérsia quanto à existência do crédito. **Exigível:** a obrigação já pode ser cobrada.

9 RESPONSABILIDADE PATRIMONIAL

Ressalvada a hipótese do devedor de alimentos do direito de família, a execução é sempre patrimonial. O patrimônio do devedor é a garantia de seus credores, e o devedor responde com todos os seus bens presentes e futuros, salvo as restrições legais, pelo cumprimento das suas obrigações.

No direito das obrigações, diferencia-se o débito (*schuld*) da responsabilidade patrimonial (*haftung*). Em regra, os dois institutos estão associados, isto é, quem deve responde com seu patrimônio pela dívida. Há, porém, situações em que tais institutos dissociam-se. É possível que alguém deva, mas não responda pela dívida com seu patrimônio, não podendo, destarte, ser demandado: é o caso daquele que contrai dívida de jogo. Há, também, situações em que alguém é compelido a responder com seu patrimônio, por dívida que não lhe pode ser atribuída.

Na execução (tanto cumprimento de sentença quanto execução por título extrajudicial), devem ser atingidos apenas e tão somente os bens do devedor que está sendo demandado. Não se pode atingir bens de terceiro. Se isso ocorrer, o terceiro deverá valer-se da ação de embargos de terceiro para livrar seus bens da constrição indevida.

O art. 790 do CPC elenca algumas situações excepcionais nas quais terceiros, não incluídos, de início, na execução, podem ter seus bens atingidos, sem que haja a possibilidade de opor embargos de terceiro, com sucesso. Esses terceiros não são devedores e não figuram, de início, no polo passivo da execução. No entanto, eles têm responsabilidade patrimonial e seus bens ficam sujeitos à execução.

A responsabilidade patrimonial estende-se aos bens:

a) Do sucessor a título singular, tratando-se de execução fundada em direito real ou obrigação reipersecutória. A alienação de bem, quando sobre ele pender ação fundada em direito real, é feita em fraude à execução, e nem precisaria ter sido mencionada, já que está contemplada no inciso V.

A alienação em fraude à execução é ineficaz perante o credor. Assim, diante dele, é como se não existisse e o bem continuasse a integrar o patrimônio do devedor. Reconhecida a fraude à execução, e decretada a ineficácia da alienação, o credor poderá fazer a execução recair sobre o bem alienado, em mãos de terceiro, sem que ele possa opor-se por meio de embargos de terceiro. Afinal, nos termos do art. 109, § 3º, do CPC, o adquirente ou cessionário da coisa litigiosa fica sujeito aos efeitos da sentença.

As obrigações reipersecutórias são aquelas fundadas em direito pessoal, mas que repercutem sobre um determinado bem, impondo a sua restituição. Imagine-se uma demanda em que se postule a resolução de um contrato de compra e venda. Acolhido o pedido, e resolvido o contrato, o adquirente estará obrigado a restituir ao alienante o bem negociado. Se, no curso da ação, o bem tiver sido alienado pelo adquirente, o sucessor terá responsabilidade patrimo-

Execução Civil

nial, e a execução recairá sobre o bem a ele transferido, ainda que não tenha participado da ação. E o sucessor não terá êxito em eventuais embargos de terceiro, já que, tendo adquirido bem objeto de obrigação reipersecutória, passou a ter responsabilidade patrimonial.

b) **Do sócio, nos termos da lei.** Há casos que se acham descritos na legislação material civil e comercial em que o sócio responde, solidária ou subsidiariamente, pelas dívidas da empresa. Nesse caso, será possível, nas execuções ajuizadas contra a empresa, atingir os bens dos sócios.

Também será possível que isso ocorra quando o juiz, percebendo que a empresa foi usada indevidamente, decretar a desconsideração da personalidade jurídica.

No intuito de evitar a utilização indevida da pessoa jurídica para prejudicar credores, a doutrina criou a teoria da **desconsideração da personalidade jurídica** (*disregard of legal entity*), que vem enunciada no art. 50 do Código Civil: "Em caso de abuso da personalidade jurídica, caracterizado pelo desvio de finalidade, ou pela confusão patrimonial, pode o juiz decidir, a requerimento da parte, ou do Ministério Público quando lhe couber intervir no processo, que os efeitos de certas e determinadas relações obrigacionais sejam estendidos aos bens particulares dos administradores ou sócios da pessoa jurídica". Se entre as partes houver relação de consumo, a desconsideração deverá observar o disposto no art. 28 do CDC.

Presentes as hipóteses mencionadas nos dispositivos legais, o juiz não extinguirá a empresa, **mas estenderá a responsabilidade patrimonial aos sócios, que passarão a responder pelo débito da empresa com os seus bens particulares.**

A desconsideração, porém, só pode ser decretada se promovida na forma dos arts. 133 a 137 do CPC, isto é, por meio do incidente próprio, no qual o sócio é citado.

Uma vez havendo desconsideração da personalidade jurídica e extensão da responsabilidade ao sócio, ele integrará a execução ou o cumprimento de sentença, podendo defender-se por meio de embargos à execução ou de impugnação, respectivamente. Essa solução é a que melhor preserva o princípio do contraditório, já que, sem isso, o sócio não teria como defender-se na própria execução, e teria de valer-se dos embargos de terceiro.

Nos termos do art. 674, se o bem do sócio for atingido, por força de desconsideração, sem que tenha feito parte do incidente, ele poderá valer-se de embargos de terceiro.

c) **Do executado ainda que em poder de terceiro.** A inclusão desse dispositivo foi infeliz porque, se o bem é do próprio executado, ainda que em mãos de terceiro, não se está diante de hipótese de responsabilidade patrimonial. Se o bem continua sendo do devedor, ainda que em poder de terceiro, ele estará sujeito à execução, sem que seja necessário recorrer às regras da responsabilidade patrimonial.

d) **Do cônjuge ou companheiro, no caso em que seus bens próprios ou de sua meação respondem pela dívida.** Um cônjuge responde pelas dívidas do outro se elas houverem revertido em proveito do casal, ou da família, seja qual for o regime de bens. Portanto, se só o marido contraiu a dívida, e se só ele está sendo executado, será possível atingir os bens ou a meação da mulher, desde que a dívida tenha beneficiado a ambos. Há uma presunção relativa de que a dívida contraída por um dos cônjuges beneficia o outro. Assim, o cônjuge responde pela dívida do outro até provar que não foi beneficiado.

Se o cônjuge quiser livrar da penhora os seus bens ou a sua meação, ele deverá opor embargos de terceiro, em que terá o ônus de demonstrar que a dívida não o favoreceu.

Essa presunção era invertida no caso de dívidas decorrentes de aval: em princípio, só respondiam por elas aqueles que prestavam a garantia, não os cônjuges. Hoje, como há necessidade de outorga uxória (art. 1.647, III, do CC), ambos respondem. Se a dívida provier de ato ilícito, só o patrimônio daquele que o perpetrou responderá.

SINOPSES JURÍDICAS

O cônjuge do executado pode opor, alternativa ou cumulativamente, embargos de terceiro ou à execução, dependendo do que ele queira alegar. Se houver sido intimado da penhora, e quiser discutir o débito ou a nulidade da execução, deverá opor embargos à execução. Se quiser apenas livrar da constrição os seus bens, ou a sua meação, a via adequada serão os embargos de terceiro.

As mesmas regras valem para os companheiros, em caso de união estável.

e) **Alienados ou gravados com ônus real em fraude de execução**. A fraude à execução é instituto de direito processual civil, que não se confunde com a fraude contra credores. Ambas guardam semelhanças, mas não se confundem.

A fraude contra credores é instituto de direito material tratado pelo Código Civil como defeito do negócio jurídico. A fraude de execução é instituto processual e configura ato atentatório à dignidade da justiça (CPC, art. 774, I). Assemelham-se os institutos porque em ambos o devedor aliena bens, tornando-se insolvente. Assemelham-se, ainda, porque em ambos a alienação é ineficaz perante o credor, superado já o entendimento de que a fraude contra credores gera anulabilidade e a fraude de execução, nulidade.

No entanto, diferem os institutos, porque na fraude contra credores já existe a dívida, mas não há ação em andamento, ao passo que na fraude de execução o credor já demandou o devedor, e este já foi citado. Se a fraude contra credores prejudica os interesses do credor exclusivamente, a fraude de execução atinge a dignidade da justiça.

Ambas geram a ineficácia da alienação. Porém essa ineficácia só poderá ser reconhecida em ação própria – pauliana – na hipótese de fraude contra credores. Quando houver fraude de execução, que pressupõe ação em andamento, a ineficácia poderá ser decretada nos próprios autos, sendo desnecessário o ajuizamento da ação pauliana.

Assim, iniciada a execução e constatada a insolvência do devedor, cujos bens não foram encontrados, ou o foram em valor insuficiente, o juiz reconhecerá a fraude de execução e declarará a ineficácia das alienações que houverem se aperfeiçoado, desde a citação do devedor, no processo de conhecimento. O reconhecimento da fraude à execução depende da verificação da má-fé do terceiro adquirente, salvo nos casos em que tal má-fé é presumida, e que serão examinados ainda neste capítulo.

Também se distingue a responsabilidade do terceiro adquirente em fraude à execução, da responsabilidade do sócio em caso de desconsideração da personalidade jurídica ou da responsabilidade do cônjuge. Determinada a desconsideração, o sócio passa a responder pela dívida, com todos os seus bens, caso não se encontrem bens suficientes em poder da pessoa jurídica. Da mesma forma, tendo a dívida revertido em benefício do casal, o cônjuge responde por ela. Mas, no caso do terceiro adquirente de bem em fraude à execução, ele não responderá com todo o seu patrimônio pela dívida. Apenas o bem que ele adquiriu em fraude poderá ser alcançado, para fazer frente à execução, porém somente esse bem, e não outros bens do patrimônio desse terceiro.

Por conta dessas diferenças é que a lei processual tratou diferentemente o sócio, o cônjuge e o terceiro adquirente em fraude, do ponto de vista do ingresso deles em juízo. Na hipótese de desconsideração, haverá um incidente prévio, no qual o sócio é citado. Caso a desconsideração seja decretada, o sócio passará a integrar o polo passivo, podendo defender-se pelos meios de defesa que são atribuídos ao executado: embargos à execução no processo de execução por título extrajudicial ou impugnação, no cumprimento de sentença. O cônjuge, quando intimado da penhora, pode defender-se postulando a exclusão da sua meação, caso em que deverá valer-se de embargos de terceiro, ou pode preferir ingressar no feito, discutindo o débito por meio de embargos à execução ou impugnação.

Já na hipótese de reconhecimento da fraude à execução, ainda que o juiz a declare nos autos, e mande penhorar o bem que está com o terceiro, este não perderá essa qualidade. Ele

Execução Civil

continua terceiro, podendo defender-se e postular a liberação do bem apenas por meio de embargos de terceiro, e não por meio de embargos à execução.

Como visto, tanto a fraude à execução, declarada nos próprios autos, quanto a fraude contra credores implicam a ineficácia da alienação, que não se confunde com a nulidade ou anulabilidade. A alienação fraudulenta é válida, mas é ineficaz, isto é, não pode ser oposta ao credor, que poderá penhorar o bem e exigir que seja enviado a leilão judicial, ainda que em mãos do terceiro. A alienação não é desfeita. Apenas o bem é constrito e levado a leilão, mesmo depois de vendido. Porém, se o valor do bem ultrapassar o da dívida, o remanescente será entregue ao terceiro adquirente, e não ao devedor. Isso porque o terceiro adquiriu o bem, e a compra por ele realizada não é desfeita. Apenas, repita-se, o bem vai a leilão para pagamento do credor. Feito o pagamento, o que sobejar é restituído ao terceiro adquirente.

O art. 792 do CPC enumera as hipóteses de alienação em fraude à execução. Dispõe que: "A alienação ou a oneração de bem é considerada em fraude à execução: I – quando sobre o bem pender ação fundada em direito real ou com pretensão reipersecutória, desde que a pendência do processo tenha sido averbada no respectivo registro público, se houver; II – quando tiver sido averbada, no registro do bem, a pendência do processo de execução, na forma do art. 828; III – quando tiver sido averbado, no registro do bem, hipoteca judiciária ou outro ato de constrição judicial originário do processo onde foi arguida a fraude; IV – quando, ao tempo da alienação ou oneração, tramitava contra o devedor ação capaz de reduzi-lo à insolvência; V – nos demais casos expressos em lei".

Um exame conjunto de todas as hipóteses permite concluir que a fraude à execução depende sempre do preenchimento de determinados requisitos, que lhe são comuns. É preciso que:

1) Exista processo pendente: sem isso, pode haver, quando muito, fraude contra credores, nunca à execução. Não é necessário que seja de execução, como o nome poderia fazer supor. Haverá fraude à execução se a alienação ocorrer em qualquer tipo de processo pendente, de conhecimento ou de execução.

Não existe unanimidade de opiniões a respeito do que se considera "processo pendente", para caracterizar a fraude. Pelo art. 312 do CPC, "considera-se proposta a ação quando a petição inicial for protocolada, todavia, a propositura da ação só produz quanto ao réu os efeitos mencionados no art. 240 depois que for validamente citado". Seria possível considerar pendente um processo desde o protocolo da inicial.

No entanto, prevalece o entendimento de que, para a fraude à execução, é preciso que o devedor já tenha sido citado para o processo, seja ele de conhecimento, seja de execução.

Mas, diante disso, surge uma questão prática de grande relevância. É que, uma vez que só se considera a alienação fraudulenta quando feita após a citação, haveria sempre o risco de que o executado, sabendo do ajuizamento da execução antes da citação, se desfizesse de seus bens.

Para evitá-lo, o legislador criou um mecanismo, aplicável às execuções por título extrajudicial, pelo qual o credor pode proteger-se de eventual fraude, antes mesmo de o devedor ser citado. Trata-se daquele previsto no art. 828 do CPC, que permite ao exequente, assim que a execução for admitida, obter certidão comprobatória dessa admissão, com identificação das partes e do valor da causa, para fins de averbação no registro de imóveis, de veículos ou de outros bens sujeitos a penhora, arresto ou indisponibilidade.

A finalidade dessa averbação é tornar pública a existência da execução, para que eventuais adquirentes dos bens do executado não possam beneficiar-se de alegação de boa-fé. A alienação ou oneração feita após a averbação será considerada fraude à execução, ineficaz perante o credor, e o adquirente terá responsabilidade patrimonial. Cumpre ao cartório onde corre a execução emitir a certidão, desde que haja requerimento do credor. A expedição poderá ser requerida desde a admissão da execução.

Esse mecanismo permite ao credor antecipar, para essa fase preliminar, o termo inicial, a partir do qual a alienação ou oneração, capaz de tornar o devedor insolvente, pode ser considerada em fraude à execução. A medida exigirá do credor uma pesquisa prévia, a respeito dos bens do devedor, para que possa saber onde efetuar as averbações. Evidente que a medida só é proveitosa em relação àqueles bens que são objeto de registro, entre os quais se destacam os imóveis e os veículos. Em relação aos veículos, existe a possibilidade de que, conquanto ainda figurem no departamento de trânsito em nome do devedor, já tenham sido alienados antes da admissão da execução, já que a transferência de propriedade aperfeiçoa-se com a simples tradição. Nesse caso, o adquirente terá o ônus de comprovar a tradição anterior para conseguir afastar a acusação de fraude à execução. Para tanto, deverá valer-se de embargos de terceiro, nos quais terá de demonstrar a anterioridade da tradição.

O credor que fizer a averbação deve comunicá-la ao juízo, no prazo de dez dias. A lei não impõe qualquer sanção ao descumprimento dessa regra, e a averbação não poderá ser considerada ineficaz apenas porque não comunicada.

Como a finalidade do novo mecanismo é preservar o patrimônio do devedor, em proveito do credor, se depois das averbações forem penhorados bens suficientes para garantia do débito, serão canceladas, em dez dias, aquelas referentes aos bens que não sejam objeto da penhora. Preocupou-se o legislador com a possibilidade de averbações manifestamente abusivas ou indevidas em detrimento do devedor. Quando isso ocorrer, ou quando o credor não solicitar o cancelamento das averbações nos casos em que deva fazê-lo, ele terá de indenizar os prejuízos causados, conforme for apurado em incidente que correrá em autos apartados, nos termos do art. 828, § 5º, do CPC. Não haverá necessidade do ajuizamento de ação de reparação de danos, bastando o mero incidente, em apartado.

Conquanto a providência do art. 828 tenha sido prevista para as execuções de título extrajudicial, não se exclui a possibilidade de que venha a ser utilizada também no cumprimento de sentença, uma vez que o registro antecipará a presunção de má-fé, que só adviria do posterior registro da penhora, nos termos da Súmula 375 do Superior Tribunal de Justiça. Assim, iniciado o cumprimento de sentença, será possível obter a certidão para averbação. Como a fraude, em tese, pode ocorrer desde a citação no processo de conhecimento, parece-nos mesmo que, cautelarmente, o juiz pode determinar a expedição, para averbação, de certidão, informando a existência de condenação, ainda antes do trânsito em julgado da sentença. Antes da sentença, como não terá havido ainda a condenação, serão admissíveis outras providências cautelares, como o registro do protesto contra a alienação de bens, previsto no art. 301 do CPC, para evitar a fraude à execução.

A medida do art. 828 adquire especial importância, porque, a partir do registro da admissão da execução, o terceiro adquirente do bem não poderá alegar boa-fé. Havia entendimento doutrinário e jurisprudencial de que, na fraude de execução, a má-fé do terceiro era presumida porque cabia a ele, antes de adquirir o bem, exigir certidão imobiliária do vendedor, mas o Superior Tribunal de Justiça editou a Súmula 375, que afasta essa presunção. Dispõe a súmula que: "O reconhecimento da fraude de execução depende do registro da penhora do bem alienado ou da prova de má-fé do terceiro adquirente". Com a obtenção da averbação, na forma do art. 828, o adquirente não poderá alegar boa-fé. Sem a averbação, seja da penhora, seja da admissão da execução, seja de eventual protesto contra a alienação

Execução Civil

de bens, não haverá presunção de má-fé do adquirente, que terá de ser provada para ensejar a declaração de ineficácia da alienação.

2) **Coisa litigiosa ou insolvência do devedor**: os incisos I e IV do art. 792 do CPC cuidam de situações diferentes, ambas caracterizadoras da fraude à execução.

O primeiro, da alienação de bem sobre o qual pende ação real ou com pretensão reipersecutória. O bem alienado é o próprio objeto do litígio, a coisa litigiosa, e se for alienado, haverá fraude à execução, **ainda que o devedor tenha outros bens e esteja solvente**. Afinal, a execução há de recair exclusivamente sobre ele. Acolhida a ação real ou com pretensão reipersecutória, o autor terá direito sobre o bem alienado, e poderá reavê-lo do terceiro adquirente ou cessionário (arts. 109, § 3º, e 792, I, do CPC). As ações reais são aquelas fundadas na existência de direito real sobre coisa, e os direitos reais são aqueles enumerados no art. 1.225 do Código Civil. A ação reipersecutória é aquela de natureza obrigacional, cujo **desfecho repercute sobre a propriedade ou posse de um bem**. Imagine-se, por exemplo, um contrato pelo qual uma pessoa venda a outra determinado bem, para pagamento em prestações. Caso não haja pagamento, o vendedor pode postular a resolução do contrato, com a reposição das partes ao *status quo ante*, isto é, com a restituição do imóvel ao vendedor. A ação tem natureza obrigacional, mas é reipersecutória, porque repercute sobre a propriedade ou posse do bem.

Havendo ação real ou com pretensão reipersecutória, a alienação do bem sobre o qual recai o litígio será em fraude à execução, mas desde que tenha havido a averbação da pendência do processo no registro de imóveis. A razão da exigência é a proteção do terceiro que, porventura, venha a adquirir do executado o bem. Sem a averbação, a existência da ação real ou reipersecutória não será pública, e o adquirente haverá de ser considerado de boa-fé, salvo prova em contrário. Somente com a averbação presumir-se-á a má-fé, que constitui exigência para caracterização da fraude à execução.

O inciso IV trata da alienação ou oneração de bens, quando tramitava contra o devedor demanda capaz de reduzi-lo à insolvência.

Nessa hipótese, não há um litígio envolvendo direito real ou pretensão reipersecutória sobre bem determinado, mas ação patrimonial, no curso da qual o devedor, alienando bens, torna-se insolvente, em detrimento do credor.

A fraude à execução **não se caracterizará pela alienação de um bem determinado, mas de qualquer bem do patrimônio do devedor, desde que disso resulte o estado de insolvência**.

Ela existirá se, no patrimônio do devedor, não forem encontrados bens suficientes para fazer frente ao débito, e ele não os indicar. **Se, iniciada a execução, eles não forem localizados ou identificados, presumir-se-á o seu estado de insolvência**, e as alienações que tiverem ocorrido desde a citação na fase cognitiva serão declaradas em fraude à execução.

A insolvência só pode ser reconhecida na execução, nunca durante o processo de conhecimento, porque pode ocorrer que, tendo o devedor alienado bens na fase cognitiva, venha a adquirir outros, antes do início da execução, de sorte que, nessa fase, tenha como garantir o pagamento do débito. Desse modo, a fraude não será reconhecida.

No entanto, verificado, na fase de cumprimento de sentença, o estado de insolvência, o juiz declarará a ineficácia daquelas alienações que o devedor fez, desde a citação na fase cognitiva.

Em suma: a fraude à execução só pode ser reconhecida na execução, porque só então ficará caracterizado o estado de insolvência. Mas, ao reconhecê-la, o juiz declarará a ineficácia retroativa de todas as alienações ocorridas desde a citação na fase de conhecimento.

Se houver várias alienações, ele declarará a ineficácia das mais recentes, até que baste para que o devedor torne ao estado de solvência.

3) **Má-fé do adquirente**: o Código Civil aponta expressamente (art. 161), como requisito da fraude contra credores, a má-fé do adquirente (*consilium fraudis*). Discutia-se se, para configurar a fraude à execução, era também necessário demonstrá-la, ou se era presumida.

Por muito tempo prevaleceu a orientação de que aquele que adquiria bens do devedor, quando havia contra ele processo pendente, presumia-se de má-fé, já que lhe cumpria exigir do alienante certidão negativa dos distribuidores. Mas só a má-fé daquele que adquiria diretamente do devedor era presumida. Se ocorressem alienações sucessivas, sobre os adquirentes posteriores não havia a presunção.

Essa orientação mudou com a Súmula 375 do STJ: "O reconhecimento da fraude de execução depende do registro da penhora do bem alienado ou da prova de má-fé do terceiro adquirente".

O enunciado deixa claro que, em relação aos bens sujeitos a registro, a má-fé do adquirente não é presumida, salvo se houver a averbação da penhora, ou da certidão do art. 828 do CPC (*vide* item 1 *supra*). Se a alienação ocorrer após a averbação da penhora ou da certidão, os adquirentes – não só o primeiro, mas os subsequentes – presumir-se-ão de má-fé, pois a averbação torna pública a constrição, fazendo com que tenha eficácia *erga omnes*.

Se não houver a averbação, o reconhecimento da fraude dependerá da prova de que o adquirente estava de má-fé. Esta não se presume pelo fato de o adquirente poder exigir certidões do distribuidor. Entre os direitos do credor e os dos adquirentes de boa-fé, o STJ optou por proteger estes últimos. Cumpre ao credor diligente, que queira evitar os dissabores de uma possível fraude à execução, tomar as providências necessárias para tornar pública a existência da ação ou da constrição.

Caso o credor tema que, já na fase cognitiva, o devedor possa alienar bens, tornando-se insolvente, deve-se valer de medidas como o protesto contra a alienação de bens ou o arresto cautelar (art. 301 do CPC).

E se o bem não for daqueles sujeitos a registro, como acontece com a maior parte dos bens móveis? Como pode o exequente proteger-se da alienação, pelo devedor, de bens que não podem ser registrados? O art. 792, § 2º, estabelece que, em se tratando de bens não sujeitos a registro, o ônus da prova de boa-fé será do terceiro adquirente, a quem caberá demonstrar que adotou as cautelas necessárias para a aquisição, mediante a exibição das certidões pertinentes, obtidas no domicílio do vendedor e no local em que se encontra. Se o terceiro adquirente não fizer a comprovação de que tomou tais cautelas, presumir-se-á que adquiriu o bem de má-fé, e o juiz declarará a fraude à execução.

4) **Necessidade de intimação do terceiro adquirente**: reconhecida a fraude à execução, o terceiro adquirente não se tornará parte, mas o bem por ele adquirido responderá pela dívida. Diante da necessidade de se observar o princípio do contraditório, manda o art. 792, § 4º, que antes de declará-la o juiz mande intimar o terceiro adquirente. Como ele não é parte, caso queira defender-se, deverá opor embargos de terceiro, nos quais buscará demonstrar que a alienação não foi fraudulenta. Os embargos de terceiro, nesse caso, deverão ser opostos no prazo de 15 dias, a contar da intimação. O enunciado 54 da ENFAM dispõe que "a ausência de oposição de embargos de terceiro no prazo de quinze dias prevista no art. 792, § 4º, do CPC/2015 implica preclusão para fins do art. 675, *caput*, do mesmo Código". Não nos parece, porém, que esse prazo seja preclusivo, devendo prevalecer o prazo geral para oposição de embargos de terceiro, previsto no art. 675 do CPC.

Execução Civil

f) **Cuja alienação ou gravação com ônus real tenha sido anulada em razão do reconhecimento, em ação autônoma, de fraude contra credores.** Trata-se da hipótese de responsabilidade patrimonial prevista no art. 790, VI, do CPC. Além das diferenças apontadas entre fraude à execução e fraude contra credores, há outra fundamental. Esta não pode ser reconhecida *incidenter tantum*, no curso de processo pendente, nem no bojo de embargos de terceiro (Súmula 195 do STJ).

Ela pressupõe a ação pauliana, cuja natureza não é desconstitutiva, já que não desfará a alienação, mas declaratória de ineficácia.

Controverte-se se, no polo passivo da ação pauliana, devem figurar, em litisconsórcio necessário, o alienante e o adquirente, ou se basta que figure o adquirente. Parece-nos que não há necessidade do litisconsórcio, que só se justificaria se a ação pauliana tivesse por fim desconstituir a alienação. Como ela só a declara ineficaz perante o credor, trazendo prejuízo unicamente para o adquirente, somente este deverá figurar no polo passivo da ação.

Mesmo que procedente a pauliana, como há apenas a declaração de ineficácia, o bem alienado não responderá pela execução se o devedor pagar a dívida ou se ela for extinta por outra forma.

O reconhecimento da fraude à execução, tratada nos itens anteriores, prescinde de ação declaratória e pode ser feita incidentemente, no bojo da própria execução, quando o juiz verificar que o devedor está insolvente e que alienou bens após a citação (a citação no processo de execução, caso esteja fundada em título extrajudicial; ou na fase de conhecimento, na hipótese do cumprimento de sentença). O juiz reconhecerá a fraude por simples decisão interlocutória, na qual determinará a constrição do bem alienado, que se encontra em poder do adquirente.

g) **Do responsável, nos casos de desconsideração da personalidade jurídica.** Refere-se à última hipótese de responsabilidade patrimonial, prevista no art. 790, VII, do CPC. Mas a desconsideração já foi abordada na alínea *b*, *supra*, quando se tratou da responsabilidade do sócio, não havendo necessidade de tornar ao tema.

Quadro sinótico – Responsabilidade patrimonial

1ª regra	O patrimônio do devedor é garantia de seus credores, e o devedor responde com todos os seus bens presentes e futuros, salvo as restrições legais.
2ª regra	Na execução devem ser atingidos apenas e tão somente os bens do devedor que está sendo demandado. Não se pode atingir bens de terceiros, salvo nas situações previstas no art. 790 do CPC.

Fraude contra credores e fraude à execução

	Fraude contra credores	Fraude à execução
Título executivo judicial (execução imediata).	Antes da citação no processo de conhecimento.	Após a citação no processo de conhecimento.
Título executivo extrajudicial (execução autônoma).	Antes da citação no processo da execução.	Após a citação no processo de execução.

Das diferenças entre ambas

Fraude contra credores	Fraude à execução
Instituto de direito material.	Instituto de direito processual.
Defeito do negócio jurídico.	Ato atentatório à dignidade da justiça.
Dívida já existente, contudo não há a ação (de conhecimento, no caso de título executivo judicial, ou de execução, no caso de título executivo extrajudicial) em andamento.	O credor já demandou o devedor, e este já foi citado (para ação de conhecimento ou execução, dependendo do caso).
Ineficácia em relação ao credor, a qual deve ser reconhecida em ação própria: ação pauliana.	A ineficácia em relação ao credor é reconhecida nos próprios autos.

Semelhanças entre ambas

Fraude contra credores	Fraude à execução
Gera a ineficácia do negócio jurídico fraudulento, conquanto exija ação pauliana.	Gera a ineficácia do negócio jurídico fraudulento, que pode ser reconhecida na própria execução.
Depende de comprovação de má-fé do adquirente. Pressupõe a insolvência do devedor.	Também exige prova de má-fé do adquirente (Súmula 375 do STJ), que só será presumida se a penhora, a admissão da execução (art. 828) ou a citação nas ações reais ou reipersecutórias forem averbadas. Pressupõe a insolvência do devedor.

10 LIQUIDAÇÃO DE SENTENÇA

Desde a edição da Lei n. 11.232/2005, que reformou a sistemática da execução civil em nosso ordenamento jurídico, passando a distinguir entre processo de execução por título extrajudicial e cumprimento de sentença, a liquidação passou a ser apenas uma fase de um processo maior, denominado "sincrético". Não há mais um processo de liquidação, mas apenas uma fase. A exceção é a liquidação das sentenças penais condenatórias, estrangeiras ou arbitrais, em que não há prévio processo civil de conhecimento. Apenas nessas três situações é que a liquidação constitui um processo autônomo, em que o executado deve ser citado. Mas, mesmo nesses casos, após a citação, o procedimento a ser observado é o da fase de liquidação, apreciada por decisão interlocutória, e não por sentença.

Nas demais hipóteses, não haverá mais citação na liquidação, tampouco sentença. Ao decidi-la, o juiz proferirá decisão interlocutória, suscetível de agravo de instrumento.

O art. 509, § 1º, do CPC estabelece expressamente a possibilidade de o credor, quando a sentença for parte líquida e parte ilíquida, promover simultaneamente a execução daquela e, em autos apartados, a liquidação desta, o que já vinha sendo admitido pela jurisprudência desde antes. Além disso, o art. 512 permite o início da fase de liquidação mesmo que haja recurso pendente, com efeito suspensivo. Imagine-se que o juiz proferiu sentença reconhecendo obrigação ilíquida, e que o réu interpôs apelação com efeito suspensivo. Como pode haver demora no processamento do recurso, o legislador permite que o credor, enquanto isso, já dê início à fase de liquidação, no juízo de origem,

Execução Civil

sendo necessária a formação de autos apartados, instruídos com as peças processuais necessárias. Essa liquidação será feita por conta do credor, e, caso sobrevenha reforma do julgado, ficará prejudicada ou, ao menos, terá de ser adaptada ao teor do novo julgado. Essa possibilidade, que não havia na lei anterior, é salutar, pois permite que o credor utilize o prazo de processamento do recurso para já tomar as providências necessárias para liquidar a sentença. Caso ela seja mantida, terá sido grande o ganho de tempo para o credor, visto que a liquidação ou já terá sido decidida ou estará em fase adiantada. Porém, pendente o recurso com efeito suspensivo, ainda que a liquidação chegue ao fim, não será possível dar início ao cumprimento de sentença.

A finalidade da liquidação é apurar o *quantum debeatur* sempre que a sentença não o indicar. Só os títulos judiciais podem ser ilíquidos. Mesmo assim, há casos em que o legislador os veda expressamente. Dispõe o art. 491 do CPC: "Na ação relativa à obrigação de pagar quantia, ainda que formulado pedido genérico, a decisão definirá desde logo a extensão da obrigação, o índice de correção monetária, a taxa de juros, o termo inicial de ambos e a periodicidade da capitalização dos juros, se for o caso, salvo quando: I – não for possível determinar, de modo definitivo, o montante devido; II – a apuração do valor devido depender da produção de prova de realização demorada ou excessivamente dispendiosa, assim reconhecida na sentença". Inclusive nos casos em que se admite pedido genérico (art. 324, § 1º, do CPC), a sentença deve ser líquida. Só se admitirá que não o seja nas hipóteses dos incisos I e II do art. 491, quando então será necessária a liquidação.

Nos termos da Súmula 318 do STJ, "Formulado pedido certo e determinado, somente o autor tem interesse recursal em arguir o vício da sentença ilíquida".

A sentença que reconhece obrigação deve indicar, sempre, a natureza e o objeto da obrigação. No entanto, é possível que não indique a quantidade de bens que compõem esse objeto. Nesse caso, a liquidação far-se-á necessária.

O *caput* do art. 509 do CPC estabelece que, quando a sentença condenar ao pagamento de quantia ilíquida, proceder-se-á à sua liquidação, a requerimento do credor ou devedor. Seria preferível que, em vez de sentença, o legislador tivesse se referido à decisão, uma vez que, como visto anteriormente, há possibilidade de julgamento antecipado parcial de mérito (CPC, art. 356), razão pela qual o art. 515 considera título executivo judicial a decisão (seja a interlocutória, seja a sentença), que reconheça a exigibilidade de cumprimento pelo réu de obrigação.

Os atos praticados na fase de liquidação têm natureza cognitiva e antecedem o início do cumprimento de sentença. Afinal, não há como executar o que não seja líquido. No entanto, em certas hipóteses, poderá haver liquidação incidente, ou seja, liquidação no bojo do cumprimento de sentença ou até do processo de execução. É o que ocorre nos cumprimentos e execuções de obrigação de entrega de coisa que se convertem em execução por quantia, quando a coisa perece; ou, nas de fazer infungíveis, quando o devedor se recusa a cumprir a obrigação.

Como a liquidação é sempre de título judicial, a competência para julgá-la será sempre do juízo onde foi proferida a sentença ilíquida. Trata-se de regra de competência funcional, portanto, absoluta. Se o título for sentença penal condenatória, sentença arbitral ou estrangeira, a liquidação correrá no juízo cível competente, de acordo com as regras gerais do Código de Processo Civil.

A liquidação pode ser requerida pelo credor ou pelo devedor, nos termos do art. 509, *caput*, do CPC. O devedor também tem interesse de requerê-la, porque pode querer pagar, o que exigirá prévia liquidação, para que se possa apurar o *quantum debeatur*.

Não há divergências quanto à natureza cognitiva da liquidação. Porém, controverte-se quanto ao caráter constitutivo ou meramente declaratório da decisão interlocutória que a examina. Autores como Mendonça Lima, Pontes de Miranda e Nelson Nery Junior sustentam o caráter constitutivo-integrativo da decisão, argumentando que só a partir dela estará constituído o título executivo (CPC, art. 783).

Cândido Dinamarco e Liebman sustentam a natureza declaratória, aduzindo que a decisão não constitui nenhuma relação jurídica, mas apenas declara o *quantum debeatur*. A sentença líquida declara o *an* e o *quantum*. A ilíquida declara apenas o *an*, sendo complementada mais tarde pela decisão de liquidação, que declara o *quantum*.

A decisão interlocutória que declara líquida a sentença, se não for agravada, preclui para as partes e para o juiz, não podendo mais ser modificada. Isso não implica impossibilidade de, no curso de execução, atualizar-se o valor do débito, observando-se que atualizar não é modificar, mas adequar o valor nominal da moeda. Mas na liquidação jamais poderá haver modificação da sentença condenatória, nem rediscussão do que nela foi decidido.

10.1. ESPÉCIES DE LIQUIDAÇÃO

O Código de Processo Civil de 1973, em sua redação originária, fazia menção a três espécies de liquidação: por cálculo do contador, por arbitramento e por artigos.

No entanto, não fazia sentido o cálculo do contador como forma de liquidação. É que se fazia a liquidação pelo contador quando, para apurar-se o *quantum debeatur*, bastava a realização de simples cálculo aritmético. Ora, se bastava a elaboração do cálculo para que se chegasse ao quanto, a obrigação já era líquida. Afinal, não retira a liquidez do título o ser necessário a realizar cálculo aritmético para a apuração do valor. Assim, a liquidação por cálculo constituía uma forma de liquidar algo que já era líquido.

A liquidação por cálculo do contador foi excluída das hipóteses de liquidação, desde 1994. Hoje, sempre que o valor do débito depender de simples cálculo aritmético, o credor dará início ao cumprimento de sentença, nos termos do art. 509, § 2º, do CPC, instruindo o pedido com memória discriminada e atualizada do cálculo. Não haverá, portanto, a fase intermediária de liquidação, nem o juiz proferirá decisão interlocutória julgando líquida a sentença.

Há casos em que o credor depende, para elaborar o demonstrativo de cálculo, de documentos que se encontram em poder do executado ou de terceiro. O juiz, a pedido do exequente, poderá requisitá-los, sob pena de desobediência (art. 524, § 3º). Quando a complementação do demonstrativo depender de dados adicionais em poder do executado, o juiz poderá, a requerimento do exequente, requisitá-los, fixando em até 30 dias o prazo para cumprimento da diligência.

Como a incumbência de apresentar o cálculo é do credor, não deve o juiz, nessa fase, determinar a remessa dos autos ao contador, seja para que ele faça os cálculos, seja para que confira os apresentados. No entanto, quando ele tiver dúvidas, ou entender necessária a verificação dos cálculos apresentados, poderá valer-se do contabilista, na forma do art. 524, § 2º, do CPC. Se o valor apontado no demonstrativo aparentemente exceder os limites da condenação, a execução será iniciada pelo valor pretendido, mas a penhora terá por base a importância que o juiz entender adequada (art. 524, § 1º). Apresentada a memória de cálculo pelo credor, ou realizados os cálculos pelo contador, não se deve abrir vista ao devedor para impugná-los. Do contrário, ele logo o fará, e o juiz,

Execução Civil

que muitas vezes não é versado em cálculos aritméticos, ver-se-á obrigado a socorrer-se do contador para solucionar o incidente. Tal procedimento implicará ressurreição, por via transversa, da liquidação por cálculo, que o legislador, em boa hora, quis extinguir. Muito menos deve o juiz homologar ou aprovar o cálculo apresentado pelo credor ou pelo contador.

Portanto, apresentada a conta, o juiz deverá examiná-la. Não havendo irregularidades *prima facie*, o juiz deve determinar o prosseguimento, intimando o devedor para cumprimento da sentença. Caso haja aparente excesso, o juiz deverá proceder na forma do art. 524, § 1º, do CPC, supramencionado.

Poderá ocorrer, com frequência, que o cálculo esteja equivocado, e que o juiz não perceba, determinando a intimação do executado. A ele caberá, então, opor impugnação, apontando os equívocos da conta.

Atualmente, o Código de Processo Civil admite apenas duas espécies de liquidação: por arbitramento e de procedimento comum.

O Código de Defesa do Consumidor previu um terceiro tipo de liquidação, que não pode ser incluída entre as espécies tradicionais, previstas no Código de Processo Civil. Trata-se da liquidação de sentença genérica, proferida em conformidade com o art. 95 da Lei n. 8.078/90, nas ações ajuizadas pelos legitimados do art. 82, para a defesa dos interesses individuais homogêneos.

A sentença genérica é aquela que condena o causador do dano a ressarcir os prejuízos, mas não discrimina quem foram as vítimas, nem quais os danos sofridos por elas. A liquidação dessa espécie de sentença exigirá que cada um dos lesados comprove não apenas os danos sofridos, mas a própria condição de vítima.

Na liquidação por arbitramento, faz-se necessário apurar o valor de um bem ou serviço; na liquidação de procedimento comum, é preciso fazer prova de fatos novos, referentes ao *quantum debeatur*. Na liquidação do Código do Consumidor, é necessário examinar-se a própria condição de vítima de cada um, além dos fatos novos referentes ao *quantum*.

10.1.1. LIQUIDAÇÃO POR ARBITRAMENTO

É aquela que tem por finalidade apurar o valor de um bem ou de um serviço. Para que se alcance tal finalidade, o juiz autorizará a juntada de pareceres e documentos elucidativos pelas partes, e, se necessário, nomeará um perito. A apuração do *quantum* depende exclusivamente da avaliação de uma coisa, um serviço ou um prejuízo, a ser feita por quem tenha conhecimento técnico. Distingue-se da liquidação de procedimento comum, porque no arbitramento não há necessidade de comprovação de nenhum fato novo, mas apenas de apuração de um valor.

Não cabe, na liquidação por arbitramento, a produção de prova oral. Eventual prova documental só poderá ser produzida se disser respeito, exclusivamente, à avaliação. O arbitramento será admitido sempre que a sentença ou a convenção das partes o determinar, ou quando a natureza do objeto da liquidação o exigir (CPC, art. 509, I).

Iniciada a liquidação, a requerimento do credor ou do devedor, o juiz intimará as partes para apresentação de pareceres ou documentos elucidativos, no prazo que fixar, a respeito do valor a ser apurado. Caso ainda assim ele não tenha elementos para decidir, nomeará perito, observando-se, no que couber, o procedimento da prova pericial. Assim, requerida a liquidação por uma das partes, a outra será intimada, não para contes-

SINOPSES JURÍDICAS

tar, mas para acompanhá-la. Ambas as partes terão oportunidade de juntar seus documentos e pareceres, e de acompanhar a prova pericial, caso ela seja determinada.

As partes poderão formular quesitos e indicar assistentes técnicos, obedecidas as regras do art. 465 e parágrafos do CPC. O juiz fixará prazo para a entrega do laudo. Assim que ele for apresentado, será dada ciência às partes, que se manifestarão em 15 dias.

O juiz pode, excepcionalmente, designar audiência de instrução e julgamento quando, por exemplo, houver necessidade de ouvir o perito. Em seguida, será proferida decisão. Por não ser processo autônomo, a fase de liquidação, tanto de procedimento comum como por arbitramento, encerra-se por decisão interlocutória, contra a qual cabe recurso de agravo de instrumento.

10.1.2. LIQUIDAÇÃO PELO PROCEDIMENTO COMUM

A liquidação **será feita pelo procedimento comum quando houver necessidade de alegar e provar fato novo, para apurar o valor da condenação.**

Ela instaura-se por iniciativa do credor ou do devedor, que deverá elaborar petição que obedeça aos requisitos do art. 319 do CPC. Porém, como já houve um processo de conhecimento anterior, não precisará repetir o que já consta dos autos. Assim, desnecessária a qualificação das partes, já conhecida.

Os fatos novos devem vir indicados nessa petição inicial, que deve expô-los com toda a clareza. Afinal, se a declaração do *quantum debeatur* é o pedido, os fatos novos constituem a verdadeira causa de pedir na liquidação pelo procedimento comum.

O requerido será intimado, na pessoa de seu advogado ou da sociedade de advogados a que estiver vinculado, para apresentar contestação, no prazo de 15 dias. A não apresentação de contestação implicará revelia do requerido, o que fará presumir verdadeiros os fatos novos alegados. Ressalte-se que os fatos novos só deverão dizer respeito ao *quantum*, uma vez que não se admite a rediscussão da lide ou a modificação da sentença.

Todos os meios de prova são admitidos na liquidação pelo procedimento comum, inclusive a perícia.

É possível que aquele que deu início à liquidação pelo procedimento comum descure de provar os fatos novos, alegados na petição inicial. O juiz deverá simplesmente julgar não provados os fatos novos e, portanto, não liquidado o valor da obrigação. Decisão dessa natureza não impedirá a repropositura da liquidação, porque não faz coisa julgada.

Com efeito, a pretensão do requerente é obter a declaração do montante do crédito ou do débito. Esse é o mérito da liquidação. Uma decisão que não declara o *quantum* não aprecia a pretensão formulada na inicial da liquidação e, portanto, não aprecia o mérito, não podendo ser revestida da autoridade da coisa julgada material.

Diferente será a situação se o juiz declarar líquida a condenação no valor zero. Tem sido admitida a possibilidade de, colhidas todas as provas, o juiz constatar que inexiste valor econômico significativo a ser pago pelo devedor. Nesse caso, o juiz declarará líquida a obrigação no valor de zero. É o caso, por exemplo, das liquidações de sentença penal condenatória, quando inexistir dano moral ou material relevante para a vítima. Quando a decisão declara líquida a obrigação, ainda que no valor zero, e não há mais recurso pendente, ela não mais poderá ser rediscutida.

Também a liquidação pelo procedimento comum é apreciada por meio de decisão interlocutória, contra a qual a parte inconformada poderá opor agravo de instrumento.

Execução Civil

10.1.3. LIQUIDAÇÃO DE SENTENÇA GENÉRICA EM AÇÃO CIVIL PÚBLICA

Há um terceiro tipo de liquidação: a da sentença genérica proferida em ação civil pública, ajuizada para a defesa de interesses individuais homogêneos. A Lei n. 8.078/90 atribui legitimidade extraordinária a determinados entes para a ação civil pública em defesa desses interesses, o que não afasta a legitimidade ordinária das próprias vítimas para ajuizar ação individual de reparação de danos. Proposta ação civil pública, como não se sabe quem são as vítimas, quantas são e qual é a extensão dos danos, o juiz, em caso de procedência, proferirá sentença genérica, que condenará o réu ao pagamento de indenização a todas as pessoas que comprovarem enquadrar-se na condição de vítimas do ato ou fato discutido. A sentença não só é ilíquida; ela nem sequer nomeia as pessoas a serem indenizadas, limitando-se a genericamente condenar o réu a pagar a todos aqueles que comprovem ser vítimas do evento.

Por exemplo: um dos legitimados extraordinários propõe ação de reparação de danos causados por determinado produto farmacêutico que, posto à venda no mercado de consumo, era nocivo à saúde. O juiz, se acolher o pedido, condenará genericamente o réu a ressarcir todas as vítimas que usaram o medicamento.

Na fase de liquidação, que haverá de ser sempre individual, a vítima precisará demonstrar não apenas a extensão dos danos, mas, antes de tudo, que eles são provenientes daquele produto nocivo. A liquidação não servirá apenas para apurar o quanto se deve à vítima, mas para permitir que esta comprove a sua condição.

Dadas essas peculiaridades, esse tipo de liquidação difere das tradicionais – por arbitramento e pelo procedimento comum – do Código de Processo Civil, pois, ao contrário delas, pode ser julgada improcedente, caso não se comprove que o liquidante foi vítima do acidente e sofreu danos. Na liquidação comum, a condição de vítima há de ter sido provada na fase condenatória, ao passo que, nesta, há de ser demonstrada na liquidação. Ela formará um processo autônomo (não apenas uma fase), ajuizado pelas vítimas individuais, e para o qual o réu deve ser citado.

A decisão final não será meramente declaratória, como nas outras formas de liquidação, mas constitutiva, pois só a partir dela cada vítima obterá título executivo.

10.1.4. LIQUIDAÇÕES INCIDENTES

Nos itens anteriores, examinou-se a liquidação como uma fase do processo sincrético, intermediária entre a condenatória e a executiva. Mas, às vezes, a liquidação, conquanto desnecessária antes da execução, pode tornar-se indispensável no seu curso. Haverá liquidação incidente.

É o que ocorrerá, por exemplo, sempre que não houver mais a possibilidade de execução específica de obrigação e a conversão em perdas e danos (ou quando o credor preferir essa forma).

A obrigação, até então líquida, tornar-se-á ilíquida, já que será necessário apurar as perdas e danos.

Na liquidação incidente, o exequente indicará os danos que pretende ver ressarcidos, e o juiz determinará as provas necessárias para comprová-los. Ao final, proferirá decisão interlocutória, indicando o *quantum debeatur*, e a execução prosseguirá, na forma do art. 523 do CPC.

Capítulo II
DAS DIVERSAS ESPÉCIES DE EXECUÇÃO

O Código de Processo Civil trata da execução por título judicial, como uma fase de cumprimento da sentença (execução imediata); e da execução por título extrajudicial, que forma um processo autônomo.

A execução imediata (cumprimento de sentença) de obrigação de fazer ou não fazer é tratada nos arts. 536 e 537, de entrega de coisa, no art. 538, e por quantia certa contra devedor solvente, nos arts. 523 e s. O Código de Processo Civil ainda trata especificamente do cumprimento de sentença que reconheça a obrigação de prestar alimentos (arts. 528 e s.) e que reconheça a exigibilidade de obrigação de pagar quantia certa pela Fazenda Pública (arts. 534 e 535). A execução autônoma (processo de execução por título extrajudicial) de obrigação de entrega de coisa é tratada nos arts. 806 e s., de fazer ou não fazer, nos arts. 815 e s. e 822 e s., e por quantia certa contra devedor solvente, nos arts. 824 e s. O Código ainda trata das execuções por título extrajudicial contra a Fazenda Pública (art. 910) e de prestação alimentícia (arts. 911 e s.). Por fim, o art. 1.052 do CPC em vigor determina que, enquanto não houver edição de lei específica, a execução contra devedor insolvente deve ser regida pelos dispositivos que tratavam do tema no CPC/73 (arts. 748 e s.).

Os arts. 797 a 805 contêm disposições de caráter genérico, que se aplicam a todas as espécies de execução, imediatas ou autônomas, salvo a por quantia certa contra devedor insolvente, que, por sua natureza, tem características próprias. Boa parte dessas disposições gerais tem natureza principiológica, e já foi estudada anteriormente. O art. 513 deixa explícito que ao cumprimento de sentença aplicam-se, subsidiariamente, no que couber e conforme a natureza da obrigação, as regras estabelecidas para a execução por título extrajudicial (autônoma).

Os arts. 798 e 799 indicam as providências que o exequente deve tomar ao propor a execução, aquilo que deve acompanhar a petição inicial.

11 EXECUÇÃO ESPECÍFICA

Antes de iniciar o exame das diversas espécies de execução no Código de Processo Civil, cumpre analisar a execução específica e os meios de que o juiz dispõe para compelir o executado a satisfazer a obrigação, tal como constituída.

A execução específica é aquela que objetiva fazer com o que devedor cumpra exatamente o que foi convencionado, sem conversão em perdas e danos. Só faz sentido nas obrigações de fazer, não fazer ou entregar coisa. O art. 497 do CPC trata das primeiras: "na ação que tenha por objeto a prestação de fazer ou de não fazer, o juiz, se procedente o pedido, concederá a tutela específica ou determinará providências que assegurem a obtenção de tutela pelo resultado prático equivalente". As de entrega de coisa vêm tratadas no art. 498: "na ação que tenha por objeto a entrega de coisa, o juiz, ao conceder a tutela específica, fixará o prazo para o cumprimento da obrigação".

O processo de execução será eficiente quando der ao credor satisfação a mais próxima possível daquilo que ele teria, caso o devedor tivesse cumprido espontaneamente a obrigação.

As duas técnicas de que se vale o legislador para a execução são a sub-rogação e a coerção. O uso delas poderá variar, conforme a obrigação seja fungível ou infungível.

Se fungível, as duas técnicas poderão ser utilizadas: a de coerção e a de sub-rogação. Se alguém é contratado para pintar um muro e não o faz, ao promover a execução o credor po-

Execução Civil

derá requerer que o juiz fixe uma multa diária, que sirva para pressioná-lo a cumprir o prometido (coerção); ou pedir ao juízo que determine que a obrigação seja cumprida por terceiro, às custas dele (sub-rogação).

Quando a obrigação for infungível, só se poderá fazer uso dos meios de coerção, já que não é possível que outrem a realize no lugar do devedor. Não pode haver a sua substituição (sub-rogação) no cumprimento do determinado.

O art. 497, *caput*, do CPC dá ao juiz poderes para determinar, nas ações que tenham por objeto o cumprimento de obrigações de fazer ou não fazer, **providências que assegurem a obtenção da tutela pelo resultado prático equivalente ao do adimplemento**.

Há casos em que não há como compelir o devedor a cumprir a obrigação na forma convencionada, mas é possível determinar outra medida, que alcance resultado prático equivalente.

Por exemplo: a ré, fabricante de veículos, comprometeu-se a entregar ao autor um carro. Quando da sentença, ele não é mais fabricado. Em vez de determinar a conversão em perdas e danos, o juiz pode condenar a ré a entregar um veículo equivalente, mesmo que isso não tenha sido pedido na petição inicial.

O autor formula um pedido específico. Não sendo possível atendê-lo, o juiz verificará, antes da conversão em perdas e danos, **se não há alguma providência que possa alcançar resultado equivalente**. Em caso afirmativo, ele a concederá, ainda que não coincida com o pedido inicial, impossível de satisfazer.

A conversão em perdas e danos fica reservada para duas hipóteses, enumeradas no art. 499 do CPC: a) quando se tornar impossível a execução específica (por exemplo, quando o bem a ser restituído perdeu-se, ou quando a obrigação de fazer é infungível e o devedor recusa-se, apesar dos meios de coerção, a cumpri-la) e não houver providência que assegure resultado prático equivalente; b) quando o credor requerer a conversão, porque o devedor não cumpriu especificamente a obrigação. **Só é dado ao credor requerê-la se houver efetiva recusa do devedor. O credor não pode preferir a conversão se o devedor estiver disposto a cumprir a obrigação específica.** Da mesma forma que o credor não é obrigado a aceitar prestação diferente da que foi avençada, o devedor não pode ser compelido, para desonerar-se, a cumpri-la diferentemente do contratado.

O art. 536, § 1º, do CPC enumera alguns meios de que o juiz pode valer-se para alcançar o cumprimento específico da obrigação ou resultado prático equivalente: "Para atender ao disposto no *caput*, o juiz poderá determinar, entre outras medidas, a imposição de multa, a busca e apreensão, a remoção de pessoas e coisas, o desfazimento de obras e o impedimento de atividade nociva, podendo, caso necessário, requisitar o auxílio de força policial". Esses poderes o juiz pode empregar tanto no cumprimento das obrigações de fazer ou não fazer como no de entregar coisa.

Além disso, o art. 139, IV, do CPC outorga poderes ao juiz para determinar todas as medidas indutivas, coercitivas, mandamentais ou sub-rogatórias necessárias para o cumprimento de ordem judicial. Da leitura do dispositivo resulta que a lei muniu o juiz de poderes para valer-se não apenas das medidas executivas típicas, expressamente previstas em lei, mas também de quaisquer outras, que se mostrem efetivas, para alcançar o resultado pretendido. Mas a esse poder deve contrapor-se a necessidade de observar os princípios da proporcionalidade e da razoabilidade.

A questão da constitucionalidade do dispositivo legal foi enfrentada pelo Supremo Tribunal Federal na Ação Direta de Inconstitucionalidade 5.941/DF, em que se questionou, do ponto de vista constitucional, a possibilidade de medidas como suspensão do direito de diri-

SINOPSES JURÍDICAS

gir, apreensão de passaporte e proibição de participação em concursos públicos e licitações.

A ação foi julgada improcedente, com a conclusão de que não se pode, de maneira genérica, considerar-se inconstitucional a previsão de tais medidas coercitivas. Por sua importância, transcreve-se a ementa do acórdão, cujo relator foi o Min. Luiz Fux, tendo o julgamento ocorrido em 2 de fevereiro de 2023:

"AÇÃO DIRETA DE INCONSTITUCIONALIDADE. OS ARTIGOS 139, IV; 380, PARÁGRAFO ÚNICO; 400, PARÁGRAFO ÚNICO; 403, PARÁGRAFO ÚNICO; 536, *CAPUT* E § 1º E 773, TODOS DO CÓDIGO DE PROCESSO CIVIL. MEDIDAS COERCITIVAS, INDUTIVAS OU SUB-ROGATÓRIAS. ATIPICIDADE DOS MEIOS EXECUTIVOS. PEDIDO DE DECLARAÇÃO DE INCONSTITUCIONALIDADE, SEM REDUÇÃO DE TEXTO, PARA AFASTAR, EM QUALQUER HIPÓTESE, A POSSIBILIDADE DE IMPOSIÇÃO JUDICIAL DE MEDIDAS COERCITIVAS, INDUTIVAS OU SUB-ROGATÓRIAS CONSISTENTES EM SUSPENSÃO DO DIREITO DE DIRIGIR, APREENSÃO DE PASSAPORTE E PROIBIÇÃO DE PARTICIPAÇÃO EM CONCURSOS PÚBLICOS OU EM LICITAÇÕES. AUSÊNCIA DE VIOLAÇÃO À PROPORCIONALIDADE. MEDIDAS QUE VISAM A TUTELAR AS GARANTIAS DE ACESSO À JUSTIÇA E DE EFETIVIDADE E RAZOÁVEL DURAÇÃO DO PROCESSO. INEXISTÊNCIA DE VIOLAÇÃO ABSTRATA E APRIORÍSTICA DA DIGNIDADE DO DEVEDOR. AÇÃO CONHECIDA E JULGADA IMPROCEDENTE. 1. O acesso à justiça reclama tutela judicial tempestiva, específica e efetiva sob o ângulo da sua realização prática. 2. A morosidade e inefetividade das decisões judiciais são lesivas à toda a sociedade, porquanto, para além dos efeitos diretos sobre as partes do processo, são repartidos pela coletividade os custos decorrentes da manutenção da estrutura institucional do Poder Judiciário, da movimentação da sua máquina e da prestação de assistência jurídica integral e gratuita aos que comprovarem insuficiência de recursos. 3. A efetividade e celeridade das decisões judiciais constitui uma das linhas mestras do processo civil contemporâneo, como se infere da inclusão, no texto constitucional, da garantia expressa da razoável duração do processo (artigo 5º, LXXVIII, após a Emenda Constitucional n. 45/2004) e da positivação, pelo Novo Código de Processo Civil, do direito das partes 'de obter em prazo razoável a solução integral do mérito, incluída a atividade satisfativa' (grifei). 4. A execução ou satisfação daquilo que devido representa verdadeiro gargalo na prestação jurisdicional brasileira, mercê de os estímulos gerados pela legislação não terem logrado suplantar o cenário prevalente, marcado pela desconformidade geral e pela busca por medidas protelatórias e subterfúgios que permitem ao devedor se evadir de suas obrigações. 5. Os poderes do juiz no processo, por conseguinte, incluem 'determinar todas as medidas indutivas, coercitivas, mandamentais ou sub-rogatórias necessárias para assegurar o cumprimento de ordem judicial, inclusive nas ações que tenham por objeto prestação pecuniária' (artigo 139, IV), obedecidos o devido processo legal, a proporcionalidade, a eficiência, e, notadamente, a sistemática positivada no próprio NCPC, cuja leitura deve ser contextualizada e razoável à luz do texto legal. 6. A amplitude semântica das cláusulas gerais permite ao intérprete/aplicador maior liberdade na concretização da *fattispecie* – o que, evidentemente, não o isenta do dever de motivação e de observar os direitos fundamentais e as demais normas do ordenamento jurídico e, em especial, o princípio da proporcionalidade. 7. A significação de um mandamento normativo é alcançada quando se agrega, à filtragem constitucional, a interpretação sistemática da legislação infraconstitucional – do contrário, de nada aproveitaria a edição de códigos, microssistemas, leis interpretativas, metanormas e cláusulas gerais. Essa assertiva assume ainda maior relevância diante do Direito codificado: o intérprete

Execução Civil

não pode permanecer indiferente ao esforço sistematizador inerente à elaboração de um código, mercê de se exigir do Legislador a repetição, *ad nauseam*, de preceitos normativos já explanados em títulos, capítulos e seções anteriores. 8. A correção da proporcionalidade das medidas executivas impostas pelo Poder Judiciário reside no sistema recursal consagrado pelo NCPC. 9. A flexibilização da tipicidade dos meios executivos visa a dar concreção à dimensão dialética do processo, porquanto o dever de buscar efetividade e razoável duração do processo é imputável não apenas ao Estado-juiz, mas, igualmente, às partes. 10. O Poder Judiciário deve gozar de instrumentos de *enforcement* e *accountability* do comportamento esperado das partes, evitando que situações antijurídicas sejam perpetuadas a despeito da existência de ordens judiciais e em razão da violação dos deveres de cooperação e boa-fé das partes – o que não se confunde com a punição a devedores que não detêm meios de adimplir suas obrigações. 11. A variabilidade e dinamicidade dos cenários com os quais as Cortes podem se deparar (*e.g.*, tutelas ao meio ambiente, à probidade administrativa, à dignidade do credor que demanda prestação essencial à sua subsistência, ao erário e patrimônio públicos), torna impossível dizer, *a priori*, qual o valor jurídico a ter precedência, de modo que se impõe estabelecer o emprego do raciocínio ponderativo para verificar, no caso concreto, o escopo e a proporcionalidade da medida executiva, *vis-à-vis* a liberdade e autonomia da parte devedora. 12. *In casu*, o argumento da eventual possibilidade teórica de restrição irrazoável da liberdade do cidadão, por meio da aplicação das medidas de apreensão de carteira nacional de habilitação e/ou suspensão do direito de dirigir, apreensão de passaporte, proibição de participação em concurso público e proibição de participação em licitação pública, é imprestável a sustentar, só por si, a inconstitucionalidade desses meios executivos, máxime porque a sua adequação, necessidade e proporcionalidade em sentido estrito apenas ficará clara à luz das peculiaridades e provas existentes nos autos. 13. A excessiva demora e ineficiência do cumprimento das decisões judiciais, sob a perspectiva da análise econômica do direito, é um dos fatores integrantes do processo decisório de escolha racional realizado pelo agente quando deparado com os incentivos atinentes à propositura de uma ação, à interposição de um recurso, à celebração de um acordo e à resistência a uma execução. Num cenário de inefetividade generalizada das decisões judiciais, é possível que o devedor não tenha incentivos para colaborar na relação processual, mas, ao contrário, seja motivado a adotar medidas protelatórias, contexto em que, longe de apresentar estímulos para a atuação proba, célere e cooperativa das partes no processo, a legislação (e sua respectiva aplicação pelos julgadores) estará promovendo incentivos perversos, com maiores *payoffs* apontando para o descumprimento das determinações exaradas pelo Poder Judiciário. 14. A efetividade no cumprimento das ordens judiciais, destarte, não serve apenas para beneficiar o credor que logra obter seu pagamento ao fim do processo, mas incentiva, adicionalmente, uma postura cooperativa dos litigantes durante todas as fases processuais, contribuindo, inclusive, para a redução da quantidade e duração dos litígios. 15. *In casu*, não se pode concluir pela inconstitucionalidade de toda e qualquer hipótese de aplicação dos meios atípicos indicados na inicial, mercê de este entendimento, levado ao extremo, rechaçar quaisquer espaços de discricionariedade judicial e inviabilizar, inclusive, o exercício da jurisdição, enquanto atividade eminentemente criativa que é. Inviável, pois, pretender, apriorística e abstratamente, retirar determinadas medidas do leque de ferramentas disponíveis ao magistrado para fazer valer o provimento jurisdicional. 16. Ação direta de inconstitucionalidade CONHECIDA e, no mérito, julgada IMPROCEDENTE".

Parece-nos que a decisão da Suprema Corte, conquanto reconheça a constitucionalidade das medidas de coerção, sobretudo as de suspensão de dirigir, apreensão de passaporte e vedação de participação em concursos e licitações, não autoriza que elas sejam decretadas em quaisquer circunstâncias, cabendo ao juiz, no caso concreto, verificar-lhes a adequação e o cabimento.

Nesse sentido, afiguram-se razoáveis as decisões, inclusive do Superior Tribunal de Justiça, que estabelecem que a medida deve guardar relação com o objeto pretendido, mantendo com ele algum tipo de correlação. Não parece razoável, assim, a prática de, no intuito de alcançar o cumprimento de obrigação patrimonial, determinar-se a cassação do passaporte do devedor, ou a retenção de sua carteira de habilitação, ressalvada a hipótese de eventual peculiaridade do caso concreto. Nesse sentido, significativa a decisão tomada pelo C. Superior Tribunal de Justiça no RHC 97.876/SP, de 16 de maio de 2018, rel. Min. Luis Felipe Salomão, no qual foi decidido pelo descabimento da apreensão de passaporte como meio de coerção para pagamento de dívida: "No caso dos autos, observada a máxima vênia, quanto à suspensão do passaporte do executado/paciente, tenho por necessária a concessão da ordem, com determinação de restituição do documento a seu titular, por considerar a medida coercitiva ilegal e arbitrária, uma vez que restringiu o direito fundamental de ir e vir de forma desproporcional e não razoável. Com efeito, não é difícil reconhecer que a apreensão do passaporte enseja embaraço à liberdade de locomoção do titular, que deve ser plena, e, enquanto medida executiva atípica, não prescinde, como afirmado, da demonstração de sua absoluta necessidade e utilidade, sob pena de atingir indevidamente direito fundamental de índole constitucional (art. 5º, incisos XV e LIV). Nessa senda, ainda que a sistemática do código de 2015 tenha admitido a imposição de medidas coercitivas atípicas, não se pode perder de vista que a base estrutural do ordenamento jurídico é a Constituição Federal, que resguarda de maneira absoluta o direito de ir e vir, em seu art. 5º, XV. Não bastasse isso, como antes assinalado, o próprio diploma processual civil de 2015 cuidou de dizer que, na aplicação do direito, o juiz não terá em mira apenas a eficiência do processo, mas também os fins sociais e as exigências do bem comum, devendo ainda resguardar e promover a dignidade da pessoa humana, observando a proporcionalidade, a razoabilidade e a legalidade. Destarte, o fato de o legislador, quando da redação do art. 139, IV, dispor que o juiz poderá determinar todas as medidas indutivas, coercitivas, mandamentais ou sub-rogatórias, não pode significar franquia à determinação de medidas capazes de alcançar a liberdade pessoal do devedor, de forma desarrazoada, considerado o sistema jurídico em sua totalidade. Assim, entendo que a decisão judicial que, no âmbito de ação de cobrança de duplicata, determina a suspensão do passaporte do devedor e, diretamente, impede o deslocamento do atingido, viola os princípios constitucionais da liberdade de locomoção e da legalidade, independentemente da extensão desse impedimento. Na verdade, segundo penso, considerando-se que a medida executiva significa restrição de direito fundamental de caráter constitucional, sua viabilidade condiciona-se à previsão legal específica, tal qual se verifica em âmbito penal, firme, ademais, no que dispõe o inciso XV do artigo 5º da Constituição Federal, segundo o qual 'é livre a locomoção no território nacional em tempo de paz, podendo qualquer pessoa, nos termos da lei, nele entrar, permanecer ou dele sair com seus bens'. A meu juízo, raciocínio diverso pode conduzir à aceitação de que medidas coercitivas, que por natureza voltam-se ao 'convencimento' do coagido ao cumprimento da obrigação que lhe compete, sejam transformadas em medidas punitivas, sancionatórias, impostas ao executado pelos descumprimentos, embaraços e indignidades cometidas no curso do processo. Nesse passo, cumpre ressaltar que, no caso dos autos, não foi observado o contraditório no ponto, nem tampouco a decisão

Execução Civil

que implementou a medida executiva atípica apresentou qualquer fundamentação à grave restrição de direito do executado".

Com relação à apreensão de CNH, decidiu o C. Superior Tribunal de Justiça, no mesmo V. Acórdão, pelo descabimento do HC, já que a medida não implicava risco de ir e vir, mas com a observação de que: "Noutro ponto, no que respeita à determinação judicial de suspensão da carteira de habilitação nacional, anoto que a jurisprudência do STJ já se posicionou no sentido de que referida medida não ocasiona ofensa ao direito de ir e vir do paciente, portanto, neste ponto o *writ* não poderia mesmo ser conhecido. Isso porque, inquestionavelmente, com a decretação da medida, segue o detentor da habilitação com capacidade de ir e vir, para todo e qualquer lugar, desde que não o faça como condutor do veículo. De fato, entender essa questão de forma diferente significaria dizer que todos aqueles que não detêm a habilitação para dirigir estariam constrangidos em sua locomoção. Com efeito, e ao contrário do passaporte, ninguém pode se considerar privado de ir a qualquer lugar por não ser habilitado à condução de veículo ou mesmo por o ser, mas não poder se utilizar dessa habilidade. É fato que a retenção deste documento tem potencial para causar embaraços consideráveis a qualquer pessoa e, a alguns determinados grupos, ainda de forma mais drástica, caso de profissionais, que têm na condução de veículos a fonte de sustento. É fato também que, se detectada esta condição particular, no entanto, a possibilidade de impugnação da decisão é certa, todavia por via diversa do *habeas corpus*, porque sua razão não será a coação ilegal ou arbitrária ao direito de locomoção, mas inadequação de outra natureza".

De qualquer sorte, o C. STJ afetou a questão da utilização de medidas executivas atípicas nos REsps 1.955.539 e 1.955.574, com a seguinte ementa (Tema 1.137):

"PROPOSTA DE AFETAÇÃO. RITO DOS RECURSOS ESPECIAIS REPETITIVOS. TEMÁTICA. DIREITO PROCESSUAL CIVIL. EXECUÇÃO. POSSIBILIDADE, OU NÃO, DE ADOÇÃO DE MEIOS EXECUTIVOS ATÍPICOS. (Art. 139, IV, do CPC/15). 1. Delimitação da controvérsia: 1.1. Definir se, com esteio no art. 139, IV, do CPC/15, é possível, ou não, o magistrado, observando-se a devida fundamentação, o contraditório e a proporcionalidade da medida, adotar, de modo subsidiário, meios executivos atípicos. 2. Recurso especial afetado ao rito do art. 1.036 CPC/2015".

O descumprimento de determinação judicial fará com que o devedor incorra nas sanções do art. 77, § 2º, imputadas aos que perpetram atos atentatórios à dignidade da justiça.

Podem ainda ser aplicáveis, se presentes as hipóteses do art. 774, *caput*, as penas por ato atentatório à dignidade da justiça, previstas no parágrafo único do mesmo dispositivo legal.

Dentre os mecanismos mencionados, interessa-nos a multa, pela importância de que se reveste e pelas questões que suscita.

É mecanismo de coerção para pressionar a vontade do devedor renitente que, temeroso dos prejuízos que possam advir ao seu patrimônio, acabará por cumprir aquilo a que vinha resistindo.

Dentre os vários meios de coerção, a multa, que se assemelha às *astreintes* do direito francês, é dos mais eficientes.

A lei não a restringe às execuções de obrigação infungível. Elas podem ser fixadas em todas as execuções de obrigação de fazer ou não fazer e de entregar coisa, fungível ou infungível. E, diante do que dispõe o art. 139, IV, do CPC, até mesmo nas obrigações que tenham por objeto prestação pecuniária, portanto, as obrigações por quantia, ainda que nesse caso a incidência de multa deva ser excepcional e subsidiária, apenas nos casos em que os meios de sub-rogação tenham se mostrado insuficientes. O que as caracteriza é serem periódicas, o que as faz cada vez maiores, enquanto permanece a inércia do devedor. O juiz fixará um prazo para o cumprimento da obrigação e poderá estabelecer multa periódica (em regra, diária) para a hipótese de inadimplemento. Ela incidirá a cada dia de atraso, pressionando o devedor até que satisfaça a obrigação.

A finalidade da multa é coercitiva, não repressiva ou punitiva. Ela não constitui sanção ou pena.

Nos cumprimentos de sentença, a multa é fixada pelo juiz, que deve considerar qual o valor razoável para compelir o devedor a cumprir a obrigação. Não pode ser irrisório, sob pena de não pressionar a vontade do devedor; nem tão elevado, que o credor acabe preferindo que a obrigação não seja cumprida e que o devedor permaneça inerte. Caberá ao juiz avaliar o caso concreto para decidir o montante razoável. Tem ele ampla liberdade de modificar o valor da multa, de ofício ou a requerimento das partes, quando verificar que ela se tornou insuficiente ou excessiva. Pode ainda alterar-lhe a periodicidade. As alterações podem ocorrer mesmo que a multa tenha sido fixada em sentença transitada em julgado. O trânsito impede a rediscussão do que o juiz decidiu a respeito da pretensão, mas não dos meios de coerção utilizados para fazer com que o devedor cumpra aquilo que lhe foi imposto.

Quando a execução estiver fundada em título extrajudicial, o juiz também poderá fixar livremente a multa ao despachar a inicial. É o que diz o art. 806, § 1º, do CPC, em relação às obrigações de entrega de coisa: "Ao despachar a inicial, o juiz poderá fixar multa por dia de atraso no cumprimento da obrigação, ficando o respectivo valor sujeito a alteração, caso se revele insuficiente ou excessivo". E o art. 814: "Na execução de obrigação de fazer ou de não fazer, fundada em título extrajudicial, ao despachar a inicial, o juiz fixará multa por período de atraso no cumprimento da obrigação e a data a partir da qual será devida".

Mas o juiz só terá essa liberdade se a multa não tiver sido convencionada pelas próprias partes no título executivo extrajudicial, caso em que deverá prevalecer o acordo. Mesmo assim, o juiz terá o poder de reduzi-la, se verificar que é excessiva; mas não de aumentá-la, caso a repute insuficiente, por força do que dispõe o art. 814, parágrafo único.

Essa liberdade do juiz deriva de a multa não ser punição, mas meio de coerção, de pressão sobre a vontade do devedor.

A multa reverte sempre em proveito do credor, prejudicado pelo atraso ou inadimplemento.

O juiz só fixará a multa depois de impor ao réu o cumprimento da obrigação de fazer, não fazer ou entregar coisa. Isso pode ocorrer logo no início do processo, se ele deferir tutela provisória, impondo ao réu alguma dessas obrigações e concedendo-lhe prazo para cumpri-la, ou então na sentença condenatória.

Mesmo que ele não o faça na sentença, poderá determiná-la posteriormente, na fase de execução, e de ofício.

Na execução de título extrajudicial, o juiz a fixará quando despachar a inicial. Se não fizer, poderá fixá-la posteriormente, a qualquer momento no curso da execução, quando necessária.

Quanto à obrigação de pagamento de quantia certa, parece-nos que o juiz só deverá se valer da multa quando os meios de sub-rogação não se mostrarem eficazes, ou porque o devedor oculta maliciosamente os bens, ou porque causa embaraços ou dificuldades à sua constrição. Não faz sentido o juiz deles se valer quando ficar evidenciado que o executado não oculta ou sonega bens, mas apenas não os possui.

Decorrido o prazo para o cumprimento da obrigação sem que ela tenha sido satisfeita, incidirá a multa. O prazo começa a correr do momento em que o devedor for intimado. Na

Execução Civil

vigência do CPC/73, foi editada a Súmula 410 do Superior Tribunal de Justiça, que determinava o início da contagem do prazo a partir da intimação pessoal do devedor, não bastando a do advogado: "A prévia intimação pessoal do devedor constitui condição necessária para a cobrança de multa pelo descumprimento de obrigação de fazer ou não fazer". Diante do que dispõe o art. 513, § 2º, I, do CPC, surgiu importante controvérsia a respeito da manutenção da necessidade de intimação pessoal do devedor para cumprimento da obrigação, tendo forte corrente doutrinária sustentado o *overruling* da Súmula 410. Porém, a Corte Especial do Superior Tribunal de Justiça decidiu, em julgamento ocorrido em 18 de dezembro de 2019, que a Súmula havia sido recepcionada pelo atual CPC, de sorte que a sua aplicação persiste:

"PROCESSO CIVIL. EMBARGOS DE DIVERGÊNCIA. OBRIGAÇÃO DE FAZER. DESCUMPRIMENTO. MULTA DIÁRIA. NECESSIDADE DA INTIMAÇÃO PESSOAL DO EXECUTADO. SÚMULA 410 DO STJ. 1. É necessária a prévia intimação pessoal do devedor para a cobrança de multa pelo descumprimento de obrigação de fazer ou não fazer antes e após a edição das Leis n. 11.232/2005 e 11.382/2006, nos termos da Súmula 410 do STJ, cujo teor permanece hígido também após a entrada em vigor do novo Código de Processo Civil. 2. Embargos de divergência não providos" (EREsp 1.360.577/MG, rel. Min. Luis Felipe Salomão).

Quando fixada em decisão ainda não definitiva, como na antecipação de tutela, a multa poderá desde logo ser cobrada, em caráter provisório, devendo ser depositada em juízo. Entretanto, o seu levantamento só deverá ser autorizado após o trânsito em julgado da sentença favorável à parte (art. 537, § 3º). A cobrança far-se-á, assim, por execução provisória, aplicando-se as regras a ela concernentes e com a particularidade de que o valor obtido nessa execução deverá ficar depositado, não podendo ser levantado nem mesmo com a prestação de caução, senão depois que a sentença que confirmar a tutela provisória transitar em julgado.

Ao fixar a multa, o juiz estabelecerá o prazo razoável de cumprimento, findo o qual ela passará a incidir. Se, fixada em tutela provisória, a sentença vier a ser de improcedência, ela ficará sem efeito, aplicando-se o art. 520, II, do CPC. Se a sentença confirmar a tutela provisória e transitar em julgado, a execução tornar-se-á definitiva.

Havendo retardo, a multa será devida pelos dias de atraso. Pode ocorrer que o devedor permaneça inerte por longo tempo, com o que o valor da multa se torne excessivo. O credor, por vezes, deixa de requerer a conversão em perdas e danos ou qualquer outra providência na expectativa de que ela se torne maior a cada dia, trazendo-lhe proveito financeiro. Havendo conversão em perdas e danos, o credor poderá executar cumulativamente a indenização e a multa.

Mas, verificando o juiz que ela se tornou excessiva, poderá reduzi-la a parâmetros razoáveis, alterar a sua periodicidade ou até excluí-la, mesmo que tenha sido fixada em sentença transitada em julgado. Não se justifica que ela se torne fonte de enriquecimento sem causa. Não há direito adquirido do credor à multa, que não é condenação, mas meio de coerção. A redução poderá ser determinada de ofício ou a requerimento do prejudicado e poderá ter por causa também o cumprimento parcial superveniente da obrigação ou a existência de justa causa para o descumprimento.

Também de ofício ou a requerimento da parte, o juiz poderá aumentar o valor da multa se verificar que ela se tornou insuficiente.

Muito se discutiu se o valor da multa estaria limitado pelo da obrigação principal. A lei civil estabelece que as cláusulas penais não podem ultrapassar o valor da obrigação. Mas a multa não é cláusula penal, e a lei não impõe limites. Não se pode admitir que ela

SINOPSES JURÍDICAS

ultrapasse os limites do razoável e, se isso acontecer, o juiz deve reduzi-la a um montante tal que não constitua fonte de enriquecimento indevido para o credor. Verificando o juiz que ela já correu por tempo suficiente, deve dar por encerrada a incidência, reduzindo-a ao razoável. Cumpre ao credor, então, requerer outros meios de coerção ou a conversão em perdas e danos.

12 EXECUÇÃO DAS OBRIGAÇÕES DE DAR COISA CERTA

A autônoma (processo de execução fundado em título extrajudicial) vem prevista no CPC a partir do art. 806. Corresponde à execução de uma obrigação de dar, ou restituir, fundada em título executivo extrajudicial. Já o cumprimento de sentença (execução por título judicial) vem regulada no art. 538.

Tratemos primeiro do cumprimento de sentença que reconhece a obrigação de entrega de coisa certa.

Com a prolação da sentença, o juiz expede uma ordem para que o réu entregue a coisa, determinando as medidas necessárias, de coerção e sub-rogação, para compeli-lo. A sentença estabelecerá prazo para o cumprimento da obrigação.

Ultrapassado o prazo sem cumprimento, expedir-se-á em favor do credor mandado de busca e apreensão ou de imissão de posse, conforme se trate de coisa móvel ou imóvel (art. 538).

A ação que tenha por objeto entrega de coisa pode também estar fundada em direito real ou em direito pessoal. Um exemplo dessa última hipótese: aquele que celebra um contrato de compra e venda de um bem móvel, tornando-se titular de direito pessoal, poderá ajuizar ação para que o vendedor seja compelido a cumprir a obrigação de dar. Se, porém, o vendedor tiver vendido a coisa a terceiro, fazendo a entrega, o primeiro comprador ficará privado do bem, convertendo-se a obrigação de dar em perdas e danos. O contrato obriga apenas as partes contratantes, e não pode ser oposto a terceiros, para quem constitui *res inter alios acta*. No entanto, se o vendedor ainda tiver o bem consigo, e a sentença for favorável ao comprador, proceder-se-á na forma do art. 538.

Sempre houve muita controvérsia sobre a possibilidade de invocar o direito de retenção por benfeitorias apenas na fase de cumprimento de sentença das ações que tenham por objeto a entrega de coisa, como nas possessórias e nas de despejo. Há muito já vinha predominando o entendimento de que a existência das benfeitorias e de eventual direito de retenção tinha de ser reconhecida na sentença, não se podendo relegar tal discussão exclusivamente para a fase do seu cumprimento. O Código de Processo Civil atual tratou expressamente do tema, afastando qualquer controvérsia que ainda pudesse remanescer. Dispõe o art. 538, § 1º, que a existência de benfeitorias deve ser alegada na fase de conhecimento, em contestação, de forma discriminada e com atribuição, sempre que possível, e justificadamente, do respectivo valor. O § 2º do mesmo artigo acrescenta que o direito de retenção por benfeitorias deve ser exercido na contestação, na fase de conhecimento.

Nem se há de objetar que as benfeitorias poderiam ter sido realizadas após a contestação, porque as que o forem terão sido realizadas por possuidor de má-fé, que não tem direito de retenção. Assim, se o possuidor, ciente de que corre contra ele demanda possessória ou de despejo, realiza benfeitorias na coisa, ele o fará de má-fé, não podendo lançar mão do direito de retenção. A lei civil atribui o direito de retenção por benfeitorias, com exclusividade, ao possuidor de boa-fé, sobre as benfeitorias necessárias e úteis.

Difícil a situação do réu que pretende invocar o direito de retenção por benfeitorias na contestação, mas se vê ameaçado de não poder fazê-lo, em razão de liminar, concedida na ação possessória de força nova ou de despejo, antes da fase de contestação. A invocação

Execução Civil

do direito de reter a coisa consigo só se justifica enquanto o réu estiver com ela. Quando dela privado, extingue-se o direito de retenção. Ora, cumprida a liminar antes da contestação, o réu estaria impossibilitado de invocar a retenção antes de ter tido oportunidade de fazê-lo.

Em casos assim, deve o réu valer-se do agravo de instrumento, solicitando efeito suspensivo, para que o mandado liminar não seja cumprido desde logo. Pode, ainda, levar ao conhecimento do juiz a existência das benfeitorias, para que ele reveja a liminar, que pode ser reapreciada sempre que forem trazidos fatos novos aos autos.

Já nas execuções por título extrajudicial que reconheçam obrigação de entrega de coisa, a alegação da existência de benfeitorias e o direito de retenção devem ser exercidos nos embargos, em conformidade com o disposto no art. 917, IV, do CPC.

No processo de execução por título extrajudicial de obrigação de entrega de coisa, o exequente apresentará o pedido por meio de uma petição inicial, que deverá preencher os requisitos dos arts. 319 e 798 e s. do CPC.

Se a petição inicial estiver em termos, o juiz mandará citar o réu para, em 15 dias, satisfazer a obrigação. Ao despachar a inicial, o juiz poderá fixar multa diária para o atraso no cumprimento, ficando o valor fixado sujeito a alterações, caso se revele insuficiente ou excessivo (ver o capítulo anterior, relativo à execução específica). Do mandado de citação constará a ordem de imissão de posse ou busca e apreensão, conforme o bem seja imóvel ou móvel, a ser cumprida imediatamente, caso a obrigação não seja satisfeita no prazo. Com a juntada aos autos do mandado cumprido, correrá ainda o prazo de 15 dias para o devedor opor embargos à execução, caso deseje.

Feita a entrega, será lavrado termo, e se nada mais houver a ser cobrado, a execução será extinta. Se a coisa não for entregue, será expedido mandado de imissão de posse ou busca e apreensão, conforme o bem seja imóvel ou móvel, sem prejuízo da incidência de eventual multa que o juiz tenha fixado, como meio de coerção. Mas, haja ou não a entrega, a imissão na posse ou a apreensão da coisa, o prazo de embargos estará correndo, já que o *dies a quo* é a juntada aos autos do mandado de citação cumprido.

Quando a entrega da coisa tornar-se impossível, por perecimento, deterioração ou qualquer outra razão, o exequente terá o direito de exigir o seu valor, mais perdas e danos, que serão apurados por estimativa do exequente, sujeita a arbitramento judicial. Caso o devedor tenha feito na coisa benfeitorias indenizáveis, o seu valor deverá ser apurado em liquidação por arbitramento, e eventual direito de retenção poderá ser alegado em embargos à execução, na forma do art. 917, IV, do CPC.

Quadro sinótico – Execução das obrigações de dar coisa certa

Fundadas em título executivo judicial	– Sentenças que reconheçam a obrigação. O juiz expede um mandado de busca e apreensão (bem móvel) ou de imissão de posse (imóvel) para que o executado entregue o bem. – Direito de retenção: deve ser arguido pelo réu, no processo de conhecimento, em contestação, pois não haverá oportunidade posterior.
Fundadas em título executivo extrajudicial	Haverá um processo de execução autônomo, em que o devedor deverá ser citado (art. 806).

Procedimento da execução fundada em título executivo extrajudicial

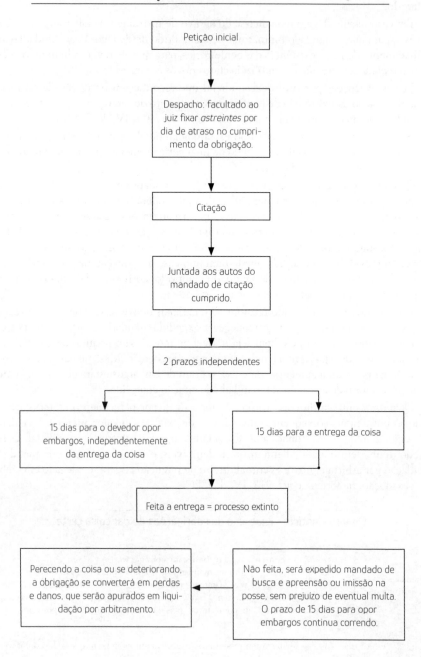

13 EXECUÇÃO PARA ENTREGA DE COISA INCERTA

Sendo a coisa incerta aquela que pode ser determinada por gênero e quantidade (art. 243 do CC), o credor a individualizará na petição inicial, se lhe couber a escolha; cabendo ao devedor escolher, este a entregará individualizada no prazo fixado pelo juiz.

A incerteza não pode ser completa. A coisa incerta é aquela que ainda não é determinada, mas é determinável. É necessário que estejam determinados o gênero e a quantidade da coisa a ser entregue (CC, art. 243).

A escolha da coisa determinada pelo gênero e quantidade pertence, em regra, ao devedor, salvo se o contrário resultar do título da obrigação. Aquele a quem competir a escolha não poderá dar a coisa pior, nem será obrigado a prestar a melhor (CC, art. 244).

Em consonância com as normas de direito material, estabelece o art. 811 do CPC que, se a escolha couber ao devedor, ele será citado para entregá-las (coisas determinadas) individualizadas no prazo de 15 dias; se a escolha couber ao credor, este a indicará na petição inicial. Feita a escolha, a parte contrária poderá impugnar em 15 dias, devendo o juiz decidir de plano, ouvindo perito, se necessário.

No mais, a execução para entrega de coisa incerta segue o procedimento da entrega de coisa certa.

Quadro sinótico – Obrigação de dar coisa incerta

Incerteza	A obrigação deve ser ao menos determinável (indicação, ao menos, do gênero ou quantidade da coisa).
Regra	Escolha pelo devedor. Exceção: determinação diversa prevista no contrato, facultando a escolha ao credor.
Procedimento	– Escolha do devedor: será citado para entregar a coisa individualizada. – Escolha do credor: indicará na petição inicial.

14 EXECUÇÃO DAS OBRIGAÇÕES DE FAZER E NÃO FAZER

As obrigações de fazer e não fazer podem ter origem em uma sentença ou contrato. A execução desse tipo de obrigação pode estar fundada, destarte, em título executivo judicial ou extrajudicial. A sentença que reconhece uma obrigação de fazer ou não fazer deverá ser cumprida na forma dos arts. 536 e 537 do CPC. O devedor deverá cumprir a determinação, podendo o juiz, de ofício ou a requerimento, estabelecer as medidas necessárias para a efetivação da tutela específica, impondo multa por atraso, busca e apreensão, remoção de pessoas e coisas, desfazimento de obras e impedimento de atividade nociva, com requisição de força policial (CPC, art. 536, § 1º). O descumprimento, pelo devedor, das ordens judiciais e do comando expedido na sentença poderá constituir ato atentatório à dignidade da justiça, punido na forma dos arts. 77, § 1º, e 536, § 3º, ambos do CPC. A multa, forma mais comum de coerção, já foi examinada no capítulo relativo à execução específica, *supra*.

O processo de execução por título extrajudicial de obrigação de fazer ou não fazer vem regulado nos arts. 814 e s.

Quando o objeto da execução por título extrajudicial for obrigação de fazer, o juiz deve mandar citar o devedor, para que cumpra a obrigação no prazo por ele fixado, se outro não constar do título. O juiz só fixará prazo para o cumprimento da obrigação se o título for omisso. Ao fazê-lo, deve atentar para a complexidade e a natureza da obrigação, determinando um prazo razoável.

Desde a juntada aos autos do mandado de citação, e sem prejuízo do prazo para cumprimento da obrigação, fluirá o prazo de 15 dias para o devedor embargar.

De extrema relevância para o prosseguimento da execução será a natureza da obrigação de fazer. Elas podem ser fungíveis ou infungíveis. Nas primeiras, o fato pode ser prestado por terceiro, se o credor assim o desejar. Ressalte-se que para que o fato seja prestado por terceiro é necessário que o credor o deseje, pois ele não é obrigado a aceitar de terceiro a prestação, quando for convencionado que o devedor a faça pessoalmente.

A obrigação infungível, porém, jamais poderá ser prestada por terceiro, em virtude de sua própria natureza. Assim, a obrigação de pintar um muro é fungível, pois o fato pode ser prestado por qualquer pessoa. No entanto, se determinado pintor, de muito talento e renome, comprometer-se a pintar um quadro, só ele poderá fazê-lo.

Seja a obrigação fungível ou infungível, será sempre possível ao credor optar pela conversão em perdas e danos, caso o devedor não satisfaça a obrigação. Se isso ocorrer, as perdas e danos serão apuradas em liquidação incidente ao processo de execução.

Quando a prestação for fungível, o credor pode optar pela execução específica, requerendo que ela seja executada por terceiro, à custa do devedor. Mas também nessa hipótese o credor pode optar pela conversão em perdas e danos, se lhe for mais conveniente.

Caso haja a opção de que a obrigação seja satisfeita por terceiro, o juiz, a requerimento do credor, nomeará terceiro idôneo, que preste o fato às custas do devedor. O terceiro pode ser nomeado livremente pelo juiz, que poderá acolher eventual indicação do credor.

O terceiro apresentará a proposta para a realização dos serviços, que o juiz examinará depois de ouvir as partes. Cumpre ao exequente adiantar as despesas com o serviço.

Prestado o fato, o juiz ouvirá as partes no prazo de 10 dias. Caso não haja impugnação, ou as apresentadas não sejam pertinentes, o juiz dará por cumprida a obrigação. Se o terceiro não prestar o fato, ou o fizer de forma incompleta, o credor pode pedir ao juiz que o autorize, em 15 dias, a concluir ou reparar a obra, à custa do terceiro.

A lei ainda atribui ao credor direito de preferência sobre o terceiro, caso ele próprio queira realizar o serviço, ou mandar executá-lo, sob sua direção e vigilância, desde que em igualdade de condições com o terceiro. Esse direito deve ser exercido no prazo de 5 dias, a contar da apresentação da proposta.

Mesmo havendo possibilidade de que a obrigação seja satisfeita por terceiro, como podem existir dificuldades no procedimento da prestação desse serviço, não há óbice a que o credor peça ao juiz que fixe multa diária para o caso de descumprimento da obrigação, ainda que ela seja fungível, embora o campo natural das *astreintes* sejam as obrigações infungíveis.

Quando a obrigação é infungível, não há como compelir o devedor, de forma direta, a satisfazê-la. A execução civil tem caráter estritamente patrimonial, e se o devedor não cumpre o que deve, não há como empregar a coerção pessoal. Resta ao credor a conversão em perdas e danos. No entanto, tem-se buscado, mormente nos últimos anos, dar ao processo civil maior efetividade. Por meio do processo, o credor deve obter exatamente aquilo a que ele tem direito. A conversão em perdas e danos pode, muitas vezes, não satisfazer o credor da obrigação de fazer. A perspectiva de obter-se a execução específica da obrigação é, quase sempre, desejável. Daí os meios de coerção previstos em lei, e sobre os quais já se tratou no capítulo dedicado à execução específica. Cumpre lembrar, apenas, que, ainda que haja conversão em perdas e danos, a multa imposta para o cumprimento específico da obrigação será devida pelo devedor ao credor, cabendo ao juiz decidir se o valor fixado é suficiente ou não, podendo ele, de ofício ou a requerimento, alterá-lo. Apenas, porém, na execução de obrigação de fazer fundada em título extrajudicial, estabelecido o valor da multa no título, o juiz terá poderes apenas para reduzi-lo, mas não para aumentá-lo, nos termos do art. 814, parágrafo único, do CPC.

Execução Civil

O art. 501 do CPC cuida das obrigações de emitir declaração de vontade que são, do ponto de vista fático, infungíveis. No entanto, do ponto de vista jurídico, tais obrigações são fungíveis, pois é possível substituir a declaração negada por algo que produza os mesmos efeitos jurídicos. O interesse do credor não está voltado para a declaração em si, mas para o efeito jurídico dessa declaração. O que o credor deseja é que se forme situação jurídica igual à que resultaria da emissão espontânea, pelo devedor, da declaração de vontade sonegada.

Em casos assim, estabelece o legislador que a sentença que condene o devedor a emitir declaração de vontade, uma vez transitada em julgado, produzirá todos os efeitos da declaração não emitida (CPC, art. 501). A sentença fará as vezes da declaração não emitida.

Não há necessidade de execução, nem de intimação do devedor, para cumprir a obrigação. Do simples trânsito em julgado resulta a produção dos efeitos jurídicos iguais aos que resultariam da declaração não emitida. A sentença judicial substitui a declaração de vontade do devedor, na produção dos efeitos almejados.

É o que ocorre, por exemplo, nas ações de adjudicação compulsória. O compromissário comprador, que pagou todas as parcelas, tem direito de receber a escritura pública, tornando definitiva a compra e venda. A escritura pública é um acordo de vontades, solene, em que comprador e vendedor formalizam o negócio jurídico da compra e venda. Caso o promitente vendedor recuse-se a outorgar a escritura, o compromissário comprador ajuizará adjudicação compulsória.

A sentença de procedência da adjudicação compulsória produzirá o mesmo efeito jurídico que a escritura sonegada, o que significa que, transitada em julgado, a compra e venda estará aperfeiçoada. Registrada a sentença de adjudicação, o compromissário comprador terá se tornado proprietário do imóvel.

Os efeitos jurídicos que se pretende obter resultam do trânsito em julgado da sentença, independente da vontade do devedor, ou de execução. Claro que, para que o juiz profira sentença dessa natureza, é necessário que o credor faça jus a obter a declaração de vontade que está sendo recusada. Do contrário, a recusa será justa. Assim, o compromissário comprador deverá demonstrar que pagou integralmente as parcelas que devia, para requerer a adjudicação compulsória.

Quando o devedor descumprir obrigação de não fazer, fundada em título extrajudicial, o juiz mandará citá-lo, para desfazer o ato, no prazo que fixar. Se o devedor não cumprir a obrigação, o juiz mandará que terceiro o desfaça à custa do devedor, sem prejuízo de eventuais perdas e danos. Se não for possível desfazer o ato, ou quando o credor assim preferir, a obrigação de não fazer será convertida em perdas e danos.

Quadro sinótico – Execução das obrigações de fazer e não fazer

Obrigação de fazer	Origem: Sentença (título executivo judicial). – Contrato (título executivo extrajudicial): art. 815 do CPC. **Natureza:** – **Fungíveis:** podem ser prestadas por terceiro, se o credor assim o desejar. – **Infungíveis:** são as contraídas em atenção à pessoa do devedor e, por essa razão, jamais poderão ser prestadas por terceiro. *Astreintes:* mecanismo de aplicação de multa diária para o caso de inadimplência utilizado para compelir o devedor a cumprir a obrigação.
Obrigação de não fazer	Aplicam-se as mesmas regras das obrigações de fazer.

15 EXECUÇÃO POR QUANTIA CERTA CONTRA DEVEDOR SOLVENTE

15.1. CONCEITO

É a forma de execução que consiste em, por meio da expropriação de bens do devedor, obter a satisfação do credor.

Essa expropriação pode ser feita com a adjudicação dos bens penhorados em favor do exequente ou das pessoas indicadas em lei; por alienação particular; por alienação em leilão judicial eletrônico ou presencial ou pela apropriação de frutos e rendimentos de coisa móvel ou imóvel. Cada uma dessas formas de expropriação será estudada oportunamente.

O procedimento dessa espécie de execução variará conforme ela esteja fundada em título judicial ou extrajudicial. No primeiro caso, não haverá processo autônomo de execução, mas mera fase processual de cumprimento de sentença. Trata-se de execução, mas não de processo de execução. O procedimento é aquele dos arts. 523 e s. Quando fundada em título extrajudicial, a execução formará um processo autônomo e independente, cujo procedimento será regido pelos arts. 824 e s. As normas referentes ao procedimento da execução por título extrajudicial aplicam-se subsidiariamente às do cumprimento de sentença, no que couber e conforme a natureza da obrigação (art. 513, *caput*, do CPC).

Cada um desses procedimentos deve ser estudado separadamente.

15.2. EXECUÇÃO POR QUANTIA CERTA FUNDADA EM TÍTULO JUDICIAL (CUMPRIMENTO DE SENTENÇA)

15.2.1. INTIMAÇÃO

É indispensável intimar o devedor antes do início da fase de cumprimento de sentença, para que corra o prazo para pagamento espontâneo, sem incidência de multa. Mas, iniciada a fase de cumprimento de sentença, não haverá citação ou nova intimação, porque inexiste novo processo, mas apenas uma fase, de caráter executivo.

A intimação é indispensável, pois, do contrário, o devedor não terá ciência do prazo de 15 dias para pagar, sob pena de multa. O art. 523 do CPC estabelece que, condenado o devedor a quantia líquida, se ele não efetuar o pagamento em 15 dias, o montante da condenação será acrescido de multa de 10%, expedindo-se mandado de penhora e avaliação. Durante esses 15 dias, a fase de cumprimento de sentença ainda não se terá iniciado, razão pela qual ainda não se admitirá a prática de atos satisfativos. O prazo é concedido ao devedor, para que possa efetuar o pagamento, evitando a execução e a multa.

Caberá ao credor a iniciativa de dar início à fase de cumprimento de sentença. Bastará apresentar petição requerendo a intimação do devedor para pagar o débito no prazo de 15 dias, sob pena de, não o fazendo, ter início o cumprimento de sentença, com a expedição de mandado de penhora e avaliação de bens. Não se trata de uma petição inicial, que tenha de preencher os requisitos do art. 319 do CPC, pois não haverá um novo processo. No entanto, é preciso que nela o credor tome algumas providências. Deve:

a) apresentar demonstrativo discriminado e atualizado do cálculo do débito, indicando quais os itens que o compõem, na forma dos incisos do art. 524 do CPC. Caso não haja o pagamento no prazo, o débito será acrescido de multa e de honorários advocatícios de fase executiva, ambos de 10% do débito;

b) recolher as custas iniciais da execução, quando a lei estadual de custas o exigir;

Execução Civil

c) indicar, se possível, quais os bens que deseja ver penhorados. **A prioridade de indicação de bens é do credor**, e se ele já tiver ciência de algum bem sobre o qual a penhora possa recair, deve indicá-lo desde logo. Se não o fizer, o oficial de justiça diligenciará, na tentativa de localizar algum bem penhorável.

Esse requerimento, a que alude o art. 523, antecede a intimação do executado para pagamento do débito no prazo de 15 dias. Caso haja o pagamento, a fase de cumprimento de sentença não terá início. Caso não haja pagamento, a fase de cumprimento terá início, **sem a necessidade de novo requerimento**, com a expedição desde logo de mandado de penhora e avaliação, iniciando-se automaticamente o prazo de 15 dias para impugnação. O débito, vencido o prazo de 15 dias, será acrescido da multa de 10% e dos honorários da fase executiva, também de 10%.

No prazo de 15 dias para pagamento voluntário, não se admite a prática de atos satisfativos, pois a execução não teve início. O prazo é um tempo que se dá ao devedor para, ponderando as desvantagens de uma execução subsequente, cumprir a obrigação. Conquanto persista controvérsia a respeito desse prazo, parece-nos que ele há de ser considerado de natureza processual, já que fixado por lei processual, em caráter mandamental, para a prática de determinado ato com repercussões no processo, sob pena de multa. Assim, a contagem deverá ser feita considerando apenas os dias úteis (nesse sentido, o Enunciado 89 da I Jornada de Direito Processual Civil da Justiça Federal).

As controvérsias que havia, na vigência do CPC/73, a respeito da necessidade de prévia intimação do executado para que passasse a fluir o prazo de 15 dias são resolvidas no CPC/2015, que determina expressamente a intimação, a requerimento do exequente. Estabelece o art. 523, *caput*, que, no caso de condenação em quantia certa, ou já fixada em liquidação, e no caso de decisão sobre parcela incontroversa, o cumprimento definitivo da sentença far-se-á a requerimento do exequente, intimando-se o executado a efetuar o pagamento do débito, no prazo de 15 dias, acrescido das custas, se houver. A intimação é, portanto, necessária, e deverá ser feita na forma do art. 513, § 2º, do CPC.

A intimação do devedor para pagar será feita pelo Diário da Justiça na pessoa do seu advogado constituído nos autos. Entretanto, deverá ser feita por carta com aviso de recebimento, quando o devedor for representado pela Defensoria Pública ou não tiver procurador constituído nos autos, ou por edital, quando, citado por edital, tiver sido revel na fase de conhecimento. A intimação será pela via eletrônica, na hipótese do art. 246, § 1º, se o devedor não tiver procurador constituído nos autos. Por fim, mesmo que o devedor tenha procurador constituído, haverá necessidade de intimá-lo por carta se o requerimento do credor para início do cumprimento de sentença for feito após um ano do trânsito em julgado da sentença.

15.2.2. MULTA

A ideia da multa é incentivar o devedor que pretende pagar a fazê-lo o mais breve possível. Trata-se de forma de pressioná-lo a cumprir a sentença, sem necessidade de se iniciar uma fase própria para compeli-lo a fazer isso.

Ela incidirá sobre o valor da condenação, **o que inclui o principal, mais juros, correção monetária, custas e honorários advocatícios fixados na fase de conhecimento**. Além da multa, ao iniciar o cumprimento de sentença, o débito será acrescido de novos honorários advocatícios para a fase executiva, de 10% do débito.

Controvertia-se sobre a incidência da multa em execução provisória na vigência do CPC/73. No entanto, o CPC atual não deixa dúvida: "A multa e os honorários advocatícios a que se refere o § 1º do art. 523 são devidos no cumprimento provisório de sentença condenatória ao pagamento de quantia certa" (art. 520, § 2º). O § 3º do mesmo dispositivo acrescenta:

SINOPSES JURÍDICAS

"Se o executado comparecer tempestivamente e depositar o valor, com a finalidade de isentar--se da multa, o ato não será havido como incompatível com o recurso por ele interposto". O levantamento do valor depositado ficará condicionado à prestação de caução idônea.

A multa reverterá em proveito do exequente, que é a vítima do atraso no pagamento.

Caso o executado efetue o pagamento parcial do débito, no prazo de 15 dias, a multa incidirá apenas sobre o saldo remanescente. Para evitar a multa, é preciso que o devedor pague ao credor o valor do débito, ou deposite em juízo o valor, para imediato levantamento. Não se evita a multa antecipando depósito judicial, para fins de penhora. Quer dizer, se o devedor deposita em juízo o valor apenas para que sobre ele recaia a penhora, e não para que haja o levantamento imediato, a multa será devida.

15.2.3. HONORÁRIOS ADVOCATÍCIOS DA FASE EXECUTIVA

No cumprimento de sentença, serão devidos novos honorários advocatícios, relacionados a essa fase, que não se confundem com os fixados na sentença condenatória. A matéria já era objeto da Súmula 517 do STJ: "São devidos honorários advocatícios no cumprimento de sentença, haja ou não impugnação, depois de escoado o prazo para pagamento voluntário, que se inicia após a intimação do advogado da parte executada". O art. 523, § 1º, estabelece que, iniciado o cumprimento de sentença, o débito será acrescido de honorários advocatícios de 10%. Diante da determinação legal, os honorários da fase executiva nem sequer precisam ser fixados pelo juiz, devendo o exequente já acrescentá-los ao cálculo do débito. Esses honorários serão devidos, no mesmo montante, ainda que se trate de cumprimento provisório da sentença (art. 520, § 2º).

Na impugnação, porém, só serão cabíveis honorários advocatícios em caso de acolhimento desta, com extinção da execução, conforme a Súmula 519 do Superior Tribunal de Justiça.

15.2.4. PROTESTO DA DECISÃO JUDICIAL TRANSITADA EM JULGADO

Desde a entrada em vigor da Lei n. 9.492/97 controvertia-se sobre a possibilidade de protesto de títulos executivos judiciais. A dúvida decorria do disposto no art. 1º da Lei, que autorizava o protesto de obrigação originada em títulos e outros documentos da dívida. Como a lei não fazia ressalvas sobre a natureza do título, já havia decisões judiciais admitindo o protesto de sentença transitada em julgado na vigência do CPC/73. Nesse sentido, o acórdão proferido no REsp 750.805/RS, da E. 3ª Turma do Superior Tribunal de Justiça, em que ficou decidido que a sentença transitada em julgado, da qual conste obrigação líquida, certa e exigível, poderia ser protestada. Contudo, havia também os que sustentavam que, à míngua de especificação legal, o protesto não poderia ser feito.

O CPC atual põe fim à controvérsia, ao estabelecer, expressamente, no art. 517 que: "A decisão judicial transitada em julgado poderá ser levada a protesto, nos termos da lei, depois de transcorrido o prazo para pagamento voluntário previsto no art. 523". É preciso que a decisão tenha transitado em julgado. O art. 515, I, não exige, para caracterização do título judicial, que a decisão proferida no processo civil tenha transitado em julgado. Mesmo sem o trânsito, já haverá título executivo judicial, que permitirá a execução provisória, se não houver mais recurso dotado de efeito suspensivo. Todavia, para o protesto é indispensável o trânsito em julgado (a exceção é o protesto das decisões ou sentenças que fixam alimentos e que podem ser protestadas independentemente do trânsito em julgado – art. 528, § 1º, do CPC). Além disso, como há expressa alusão ao prazo do art. 523, o protesto ficará restrito às decisões que reconheçam a obrigação do pagamento de quantia líquida, certa e exigível.

Execução Civil

Para que o protesto se efetive, bastará ao exequente apresentar certidão de teor da decisão, comprovando o trânsito em julgado e o transcurso do prazo do art. 523. Tal certidão deverá ser fornecida pelo ofício no prazo de três dias e deverá indicar o nome e a qualificação do exequente e do executado, o número do processo, o valor da dívida e a data de decurso do prazo para pagamento voluntário. Satisfeita integralmente a obrigação, o executado poderá requerer ao juiz que, no prazo de três dias, expeça ofício ao tabelionato, determinando o cancelamento do protesto. Caso, ainda, o executado tenha ingressado com ação rescisória da decisão, ele pode pedir a anotação da propositura da ação à margem do título protestado.

15.2.5. PRESCRIÇÃO INTERCORRENTE

A prescrição intercorrente é fenômeno relacionado tanto ao cumprimento de sentença quanto à execução de título extrajudicial. Neste item, ela será abordada em relação ao cumprimento de sentença. Para uma abordagem mais geral do tema, abrangendo também a execução de título extrajudicial, ver item 23, *infra*, que trata da suspensão das execuções.

Não é possível prescrição intercorrente durante a fase de conhecimento, porque, se o autor ficar inerte por mais de trinta dias, o juiz o intimará pessoalmente a dar andamento ao feito. Na inércia, o processo será extinto.

Mas na fase executiva é diferente. A inércia do credor não implica extinção, mas remessa dos autos ao arquivo. Constituído o título executivo judicial, o credor tem um prazo para promover a execução. Qual? A Súmula 150 do STF estabelece que a pretensão executiva prescreve no mesmo prazo que a condenatória. O mesmo prazo que o autor tinha para promover a ação, terá para executá-la. Por exemplo: a vítima de acidente de trânsito tem o prazo de três anos para pedir indenização em face do causador do acidente. Se não o fizer, a pretensão condenatória estará prescrita. Se o fizer, e obtiver uma sentença condenatória, constituído o título e sendo possível iniciar a execução, fluirá novo prazo de três anos, desta feita para a execução. Esse prazo começa a correr a partir da data em que se tornar possível o requerimento de início do cumprimento de sentença, a que alude o art. 523, *caput*, do CPC. Se o credor, por inércia, não promover a execução nesse prazo, terá havido prescrição intercorrente. E se ele a promover, mas abandoná-la, voltará a correr o prazo de prescrição intercorrente.

A regulamentação da prescrição intercorrente no cumprimento de sentença e na execução por título extrajudicial, formulada no art. 921 e parágrafos do CPC, sofreu relevante alteração, com a edição da Lei no. 14.195/2021, que trouxe modificações significativas na sistemática do instituto.

De acordo com a nova regulamentação, iniciado o cumprimento de sentença, ele será suspenso por até um ano caso não seja localizado o executado ou bens penhoráveis. Essa é uma alteração relevante trazida pela nova lei, já que, pela sistemática anterior, só havia suspensão "quando o executado não possuir bens penhoráveis". A nova regra é mais clara, ao estabelecer que basta que os bens penhoráveis não sejam localizados. Além disso, nos termos da lei, haverá suspensão também se não for localizado o executado. Mas essa solução – suspensão pela não localização do executado – causa uma certa perplexidade, porque se o executado não é localizado, mas são localizados bens penhoráveis, o cumprimento de sentença (ou execução por título extrajudicial) podem muito bem prosseguir, bastando que se arrestem os bens localizados, e que se diligencie a citação do executado na forma da lei, por edital, em caso de não localização ou com hora certa, em caso de ocultação. Parece-nos, assim, que a melhor interpretação a ser dada ao novo dispositivo é que somente haverá a suspensão do cumprimento de sentença se, em decorrência da não localização do executado, ele não puder prosseguir, porque não é possível apurar se ele tem bens, quais são eles e onde se encontram.

Uma vez determinada a suspensão, na forma do art. 921, I, do CPC, pelo prazo de até um ano a prescrição ficará suspensa. E, se não localizados bens penhoráveis ou o executado, continuará suspensa por um ano, após o que o juiz ordenará o arquivamento dos autos. O termo inicial do prazo prescricional é a ciência, pelo exequente, da primeira tentativa infrutífera de localização do devedor ou de bens penhoráveis. Esse é o termo inicial. Mas a rigor, dada ciência ao exequente das tentativas infrutíferas, o processo será suspenso, e o curso da prescrição ficará impedido por até um ano.

Uma vez determinada a suspensão do processo, caso sejam localizados os bens ou o próprio executado, o exequente poderá, a qualquer tempo, postular a juiz que determine o prosseguimento do processo, uma vez que obteve novos dados dos bens ou do devedor. Cessada a suspensão, seja em que momento for, o prazo prescricional começa a correr, e só será interrompido quando, localizado o executado, ele for citado ou intimado, ou quando localizados bens, eles foram constritos. Mas se a diligência for malsucedida, nem por isso o prazo prescricional voltará a ficar suspenso. Isso porque – e essa talvez seja a maior novidade da Lei no. 14.195/2021, a suspensão do prazo da prescrição só pode ocorrer uma vez.

É preciso que fique claro que a lei não determina que a suspensão da prescrição perdure por um ano. Determina, isto sim, que ela perdure por, no máximo, um ano, e que tal suspensão ocorra por apenas uma vez.

Imagine-se, por hipótese, que resultem infrutíferas as tentativas de localização de bens penhoráveis. O juiz determina, então, a suspensão do processo por até um ano, ficando suspensa a prescrição. O exequente, realizando diligências, verifica a possível existência de bens penhoráveis, e postula a realização de diligências para a penhora. O juiz, então, faz cessar a suspensão do processo (mesmo que tenham transcorrido apenas poucos dias ou meses da suspensão) e determina a constrição. Se ela for bem-sucedida, ela interrompe o prazo de prescrição. Se for malsucedida, o cumprimento de sentença não poderá ter prosseguimento, por falta de bens, mas a prescrição intercorrente terá voltado a correr, e não poderá ser suspensa novamente, porque a suspensão só pode ocorrer por uma vez.

Inegável que, por esse novo sistema, a possibilidade de prescrição intercorrente, em detrimento do exequente, é muito maior do que no sistema anterior. Até porque, se transcorrer um ano da suspensão do processo, sem a localização do executado ou dos seus bens, os autos serão remetidos ao arquivo, e a prescrição intercorrente correrá, não podendo ser novamente suspensa, o que significa que, se persistir a não-localização do executado ou dos seus bens, ela se consumará, tendo corrido o tempo necessário, na forma da súmula 150 do STF.

Como já mencionado, a citação ou intimação do executado, e a constrição de bens interrompe o prazo de prescrição, e o prazo de tempo necessário para a citação ou intimação e para a realização das formalidades necessárias para a constrição não pode ser considerado para fins de prescrição, que fica suspensa nesse tempo, desde que o exequente cumpra os prazos previstos em lei ou determinados pelo juiz.

Assim, se o exequente peticiona ao juiz, comunicando o endereço do executado ou indicando a localização de bens, caso efetivamente a citação ou intimação do executado ou a constrição de bens ocorram, tempos depois, o prazo de prescrição deverá se considerar suspenso a partir da comunicação feita pelo exequente, desde que ele tome todas as providências necessárias para que elas ocorreram no prazo fixado em lei ou determinado pelo juiz, para a citação, intimação ou constrição.

Constatada a prescrição intercorrente, o juiz poderá reconhecê-la de ofício, mas não sem antes ouvir as partes, no prazo de 15 dias. Assim, vislumbrando eventual prescrição, ele deve ouvir primeiro as partes a respeito e se caso, decretá-la. O reconhecimento da prescrição intercorrente é feito por sentença que extingue o cumprimento de sentença, e na qual

Execução Civil

não serão carreados ônus para as partes, vale dizer, não haverá condenação do exequente em custas e honorários advocatícios.

Eventual nulidade desse procedimento só será conhecida se ficar demonstrada a ocorrência de efetivo prejuízo. Isto é, não basta ao prejudicado alegar a inobservância do procedimento, sendo necessário que demonstre que, disso, resultou efetivo prejuízo, salvo na hipótese de inexistência da intimação quanto à primeira tentativa de localização do devedor ou de bens penhoráveis já que, como tal intimação constitui o termo inicial da prescrição, caso ela falte, o prejuízo é presumido.

15.2.6. MANDADO DE PENHORA E AVALIAÇÃO

A fase de cumprimento de sentença não se inicia de ofício. Cabe ao credor requerer a intimação do executado para cumprir a sentença no prazo de 15 dias, sob pena de multa, já apresentando memória discriminada do cálculo do débito. Ultrapassado o prazo de 15 dias para pagamento *in albis*, sem necessidade de novo requerimento ou nova intimação, será expedido mandado de penhora e avaliação, dando-se início à fase de cumprimento de sentença, com o débito já acrescido da multa de 10%, e passando a incidir os honorários advocatícios da fase executiva, de 10% do débito, conforme examinado nos itens anteriores.

Tanto o cumprimento de sentença quanto o processo de execução por título extrajudicial dependem da efetivação da penhora, para que possam alcançar seus objetivos. A penhora far-se-á na forma prevista nos arts. 831 e s., que se aplicam, subsidiariamente, ao cumprimento de sentença, incluindo os casos de impenhorabilidade.

O oficial de justiça, ao efetivar a penhora, fará a avaliação imediata dos bens. Haverá a lavratura de um auto único, de penhora e avaliação. Esta será simplificada, bastando ao oficial de justiça que forneça os critérios que utilizou para chegar ao montante.

Isso afasta um dos grandes embaraços que o credor poderia encontrar na execução, já que, em regra, dispensa-se a nomeação de perito avaliador, cujos honorários o credor teria de antecipar, conquanto pudesse, oportunamente, acrescentar ao saldo devedor, e reaver. Mas a necessidade de tal antecipação encareceria a execução, e obrigaria o credor a fazer despesas incômodas. Além disso, a perícia de avaliação sempre implica demora, em detrimento do credor. Com a possibilidade de avaliação pelo próprio oficial de justiça, o credor economizará os honorários e a execução prosseguirá de forma mais expedita. Mas é preciso que essa medida de celeridade não prejudique a segurança da avaliação, por isso é indispensável que seja ministrado aos oficiais o preparo necessário para promovê-la.

Mas, mesmo que o oficial tenha recebido adequado preparo, haverá casos em que ele não poderá avaliar, porque isso exigirá um conhecimento muito específico. Somente nessa situação é que o juiz nomeará um avaliador, fixando prazo de dez dias para a entrega do laudo (CPC, art. 870, parágrafo único).

15.2.7. DEFESA DO EXECUTADO

No cumprimento de sentença, o mecanismo de defesa por excelência é a impugnação, não os embargos. Ela constitui um incidente, que não tem natureza de ação autônoma.

No bojo desse incidente, são praticados atos de cunho cognitivo, embora já se esteja na fase de execução. O prazo para que ela seja apresentada é de 15 dias, a contar do transcurso *in albis* do prazo que o devedor, intimado na forma do art. 513, § 2º, do CPC, teve para efetuar o pagamento voluntário. Como foi visto nos itens anteriores, constituído o título executivo judicial, a requerimento do credor, o devedor será intimado para efetuar o pagamento

SINOPSES JURÍDICAS

do débito, no prazo de 15 dias. Se houver o pagamento nesse prazo, nem sequer haverá a prática de atos executivos. Mas se o prazo transcorrer *in albis* ou se houver pagamento, apenas parcial, restando saldo devedor, findo o prazo de 15 dias, passará, automaticamente, sem nova intimação, e independentemente de eventual penhora ou apreensão de bens, a correr novo prazo de 15 dias, desta feita para a oposição de impugnação.

No sistema do CPC, não é requisito para a impugnação, que tenha havido prévia penhora ou qualquer tipo de constrição de bens. Ultrapassado o prazo de 15 dias para pagamento voluntário, o juiz determinará a expedição de mandado de penhora e avaliação. Mas, independentemente de tal mandado ser cumprido, e até mesmo de ser expedido, o prazo de 15 dias para impugnação terá começado a correr. Uma vez que se trata de prazo processual, na contagem só serão considerados os dias úteis. Serão, portanto, dois prazos de 15 dias distintos, e que não podem ser confundidos. Primeiro, o de 15 dias para que haja pagamento voluntário. Tal prazo corre da intimação do devedor, feita na forma do art. 513, § 2º. Findo esse prazo, passará a correr, independentemente de nova intimação, outro prazo de 15 dias, agora para o oferecimento da impugnação, tenha ou não havido penhora.

15.2.8. IMPUGNAÇÃO

É a forma de defesa por excelência no cumprimento de sentença (execução fundada em título judicial). Tem natureza de incidente processual, e, por isso, é julgada por decisão interlocutória, que desafia a interposição de agravo de instrumento, salvo se, do seu acolhimento, resultar a extinção da execução, caso em que o juiz proferirá sentença, contra a qual caberá apelação.

O seu processamento faz-se nos mesmos autos em que se processou o cumprimento de sentença.

A efetivação da penhora não é condição indispensável para sua apresentação. O prazo é de 15 dias úteis, a contar do vencimento do prazo de 15 dias que o devedor teve para efetuar o pagamento voluntário da dívida. Mas, ao contrário do que ocorre com os embargos, à impugnação aplicar-se-á o art. 229 do CPC. Aos embargos ele não se aplica, dada a sua autonomia. Mas, como a impugnação é mero incidente, o prazo dobrará se houver litisconsortes com advogados diferentes, de escritórios distintos, desde que o processo não seja eletrônico. A dobra de prazo estabelecida no art. 229 do CPC alcança todos os prazos processuais, isto é, os prazos das partes para se manifestarem no processo. Ora, o prazo para opor embargos não é um prazo para se manifestar no processo, mas para ingressar com a ação, dado o caráter de ação e processo autônomo, que os embargos têm. O mesmo não ocorre com a impugnação, que não é ação autônoma, mas mero incidente processual. Opor impugnação não significa ingressar com uma ação, mas defender-se nos próprios autos do cumprimento de sentença. Essa é a razão pela qual o prazo de impugnação dobra, preenchidos os requisitos do art. 229 do CPC.

Conquanto a impugnação não tenha natureza de ação, nem forme processo autônomo, no seu bojo serão praticados atos cognitivos, isto é, atos que impliquem na solução de uma crise de certeza, e não de adimplemento. O juiz não determinará, no seu bojo, a prática de atos satisfativos, mas de atos que lhe permitam verificar quem tem razão.

Porém, na impugnação a cognição judicial não é plena, mas parcial, embora exauriente. Isso quer dizer que o juiz pode examinar as matérias alegadas com toda a profundidade, determinando as provas necessárias para formar sua convicção. No entanto, há um rol limitado de matérias que podem ser alegadas e conhecidas (sobre a diferença entre

Execução Civil

cognição plena e parcial, ver o capítulo "O objeto dos embargos", item 21.3.4, em que se trata com mais profundidade a questão).

O rol do art. 525, § 1º, do CPC é exaustivo (*numerus clausus*). Se a impugnação não se fundar nessas matérias, o juiz deverá rejeitá-la, liminarmente. Do ponto de vista da profundidade, a cognição é exauriente. Isso significa que o juiz não julga a impugnação com base em verossimilhança ou plausibilidade, como ocorre nas tutelas provisórias, mas com base em certeza, obtida após a produção das provas necessárias. O convencimento do juiz poderá ser buscado por todos os meios admitidos em direito, sem restrições.

A limitação é apenas quanto às matérias que podem ser alegadas, mas não quanto à profundidade com que o juiz pode examiná-las.

Todas as provas em direito admitidas, inclusive a pericial e a testemunhal, podem ser produzidas nessa impugnação, o que pode exigir a realização de audiência de instrução e julgamento.

15.2.9. A IMPUGNAÇÃO E O EFEITO SUSPENSIVO

A impugnação não terá, em regra, efeito suspensivo. A lei, no entanto, permite que o juiz o conceda quando a) forem relevantes os seus fundamentos e b) o prosseguimento da execução for manifestamente suscetível de causar ao executado grave dano de difícil ou incerta reparação. Além disso, é preciso que c) haja requerimento do embargante, já que o juiz não pode conceder o efeito suspensivo de ofício, e que d) o juízo esteja garantido com a penhora, caução ou depósito suficientes.

É preciso que o juiz, ao examinar o pedido de efeito suspensivo, verifique os fundamentos invocados, e faça um exame, nesse momento ainda superficial, de sua relevância e do perigo de prejuízo. Os requisitos são próximos daqueles para a concessão das tutelas provisórias de urgência. Contra a decisão do juiz que deferir, ou denegar o efeito suspensivo, caberá agravo de instrumento.

A garantia do juízo com a penhora, caução ou depósito não é requisito para o oferecimento e recebimento da impugnação, como visto anteriormente. Mas é indispensável para que o juiz atribua a ela efeito suspensivo.

Como a finalidade do efeito é prevenir danos, ainda que o juiz o conceda, o cumprimento de sentença prosseguirá se o credor apresentar caução suficiente e idônea, arbitrada pelo juiz e prestada nos próprios autos. A caução afasta o perigo de prejuízo, garantindo ao devedor eventual ressarcimento, caso a execução prossiga.

15.2.10. HIPÓTESES DE CABIMENTO DA IMPUGNAÇÃO (ART. 525, § 1º, DO CPC)

Quando a execução está fundada em título extrajudicial, não terá havido nenhum processo judicial antecedente. Dessa forma, quando o devedor é citado, poderá defender-se por embargos, que não sofrem nenhuma restrição quanto ao seu conteúdo, nem quanto à extensão dos temas alegáveis. Os embargos são a primeira oportunidade que o executado terá de defender-se em relação a um título que foi constituído sem a intervenção do Judiciário. Diferente é a situação do cumprimento de sentença, em que a fase de execução terá sido precedida de uma fase de conhecimento, na qual o devedor já teve oportunidade de se defender e apresentar as suas alegações e sua versão dos fatos.

Por isso, cuidou o legislador de enumerar, no art. 525, § 1º, quais os temas que podem ser levantados pelo executado na impugnação. Somente eles poderão ser suscitados. Caso o devedor queira fundar a impugnação em outros assuntos, o juiz deverá indeferi-la de plano. Como se verá da relação a seguir, as matérias alegáveis têm um ponto comum: são defesas

SINOPSES JURÍDICAS

que o devedor não poderia ter alegado na fase cognitiva, ou porque desconhecia a existência do processo, ou por versarem sobre fatos supervenientes. São elas:

a) Falta ou nulidade da citação se na fase de conhecimento o processo correu à revelia do executado: o processo é um só, e há uma única citação: aquela que se realiza na fase de conhecimento. **A falta ou nulidade dela, quando o réu permanecer revel, acarretará a ineficácia da sentença ou do acórdão contra ele proferidos**. Ou seja, do título executivo judicial.

O executado, tendo tomado conhecimento da execução, poderá opor-se por meio de impugnação que, nessa hipótese, **adquirirá as características de verdadeira *querela nullitatis insanabilis***. Se acolhida, será reconhecida a ineficácia de título, e o juiz determinará o retorno do processo à fase de conhecimento, restituindo-se ao réu a oportunidade para oferecer contestação.

b) Ilegitimidade de parte: essa será uma alegação mais comum quando a execução tiver por fundamento sentença penal condenatória. Por exemplo, se a vítima quiser executar o patrão, por danos decorrentes de crime praticado pelo empregado.

Todavia, também poderá ocorrer quando o título for a sentença civil, quando se quiser executar sentença condenatória contra o fiador, que não participou nem foi condenado na fase cognitiva, por exemplo.

c) Inexequibilidade do título ou inexigibilidade da obrigação: são várias as razões pelas quais o título pode ser inexequível ou a obrigação inexigível. Por exemplo, sentença homologatória de acordo, no qual ficaram convencionadas certas datas para o pagamento, o exequente deu início à fase executiva antes do vencimento previsto. **Se o título é inexequível ou a obrigação inexigível, falta interesse de agir**.

Uma das hipóteses de inexigibilidade do título vem expressamente mencionada no art. 525, § 12: "Para efeito do disposto no inciso III do § 1º deste artigo, considera-se também inexigível a obrigação reconhecida em título executivo judicial fundado em lei ou ato normativo considerado inconstitucional pelo Supremo Tribunal Federal, ou fundado em aplicação ou interpretação da lei ou do ato normativo tido pelo Supremo Tribunal Federal como incompatível com a Constituição Federal, em controle de constitucionalidade concentrado ou difuso".

Esse dispositivo autoriza o reconhecimento da inexigibilidade da sentença ainda que transitada em julgado, fundada em lei (ou ato normativo) declarada inconstitucional, ou que deu a essa lei (ou ato normativo) interpretação que foi tida como incompatível com a Constituição Federal. No entanto, para que a sentença possa ser reconhecida como inexigível, é preciso que a **declaração de inconstitucionalidade preceda o trânsito em julgado**. Se ela for posterior, só caberá ação rescisória. Mas, nesse caso, o prazo da rescisória não será de dois anos a contar do trânsito em julgado da sentença, mas de dois anos a contar do trânsito em julgado da decisão proferida pelo Supremo Tribunal Federal, em controle concentrado ou difuso de constitucionalidade.

d) Penhora incorreta ou avaliação errônea: a penhora e a avaliação do bem poderão ser prévias ou posteriores à impugnação. Se prévias, os eventuais equívocos deverão ser alegados na impugnação. Se posteriores, serão alegados por simples petição, no prazo de 15 dias a contar da comprovada ciência do fato ou da intimação do ato, nos termos do art. 525, § 11, do CPC. Como a impugnação não exige prévia penhora e o prazo para apresentá-la corre automaticamente do término do prazo para pagamento voluntário, é possível que a penhora e a avaliação sejam posteriores, caso em que eventuais vícios ou equívocos deverão ser arguidos no prazo de 15 dias após a ciência do fato ou ato, por simples petição.

Execução Civil

e) **Excesso de execução ou cumulação indevida de execuções:** o excesso ocorre quando o credor postula montantes ou prestações superiores aos que são efetivamente devidos. O art. 917, § 2º, do CPC enumera quais são as hipóteses:

– quando o exequente pleiteia quantia superior à do título;

– quando recai sobre coisa diversa daquela declarada no título;

– quando se processa de modo diferente do que foi determinado no título;

– quando o exequente, sem cumprir a prestação que lhe corresponde, exige o adimplemento da prestação do executado;

– se o exequente não provar que a condição se realizou.

O rol merece críticas porque as duas últimas hipóteses não são de excesso de execução, mas de inexigibilidade do título.

A cumulação indevida de execuções ocorre quando há pretensões executivas cumuladas, sem a observância das exigências do art. 327 do CPC.

O art. 525, § 4º, do CPC contém salutar determinação. Trata-se de exigência para que o juiz receba a impugnação, fundada em excesso de execução: "Quando o executado alegar que o exequente, em excesso de execução, pleiteia quantia superior à resultante da sentença, cumprir-lhe-á declarar de imediato o valor que entende correto, apresentando demonstrativo discriminado e atualizado de seu cálculo". Essa é uma exigência também nos embargos (art. 917, § 3º, do CPC). Se o executado não cumprir a determinação e o excesso de execução for o único fundamento da impugnação, ela será rejeitada liminarmente. Se houver outros fundamentos, a impugnação será recebida, mas a alegação de excesso de execução não será examinada.

f) **Incompetência absoluta ou relativa do juízo da execução:** é na impugnação que o executado deve arguir a incompetência do juízo, seja ela absoluta ou relativa. Dificilmente será possível arguir a incompetência, se o título for sentença civil condenatória, já que ela teria de ter sido alegada na fase cognitiva. Contudo, se o título executivo judicial for de outra espécie, como a sentença penal condenatória, a sentença arbitral, estrangeira etc., a incompetência deverá ser alegada em impugnação. Já o impedimento e a suspeição do juiz devem ser alegados por simples petição, observado o disposto nos arts. 146 e 148 do CPC.

g) **Qualquer causa modificativa ou extintiva da obrigação,** como pagamento, novação, compensação, transação ou prescrição, desde que superveniente à sentença.

Essa é a hipótese em que a impugnação terá por fim discutir a existência do débito. A única em que ela, por versar sobre matéria de fundo, terá natureza de ação incidente, e não de mero incidente processual, uma vez que aquilo que o juiz declarar a respeito do débito terá de se tornar definitivo, por força da coisa julgada material. Não seria aceitável que o juiz, na impugnação, reconhecesse o pagamento e declarasse extinto o débito, sem caráter definitivo.

Quando ele acolhe a impugnação, reconhecendo a inexistência do débito, terá de extinguir a execução. Ao fazê-lo, não proferirá uma decisão interlocutória, mas verdadeira sentença, com força definitiva.

Mas o juiz pode acolher apenas em parte a impugnação, declarando o débito parcialmente inexistente. Se o fizer, não haverá sentença, porque a execução prosseguirá quanto ao saldo remanescente. A impugnação será julgada por decisão interlocutória. Ainda assim, o que for decidido a respeito do crédito não mais poderá ser rediscutido. Nessa situação, a impugnação tem natureza de ação incidente, ainda que não constitua processo autônomo. A decisão interlocutória proferida pelo juiz terá força de sentença e se revestirá da autoridade da coisa julgada material. O mesmo ocorrerá em caso de improcedência da impugnação. As causas extintivas, impeditivas ou modificativas alegadas pelo devedor, ainda que afastadas por decisão interlocutória, não poderão ser novamente alegadas em ação autônoma.

Contudo, a impugnação não se presta a que o devedor alegue causas modificativas ou extintivas que poderiam ter sido alegadas na fase de conhecimento. **O juiz só as conhecerá se forem supervenientes**. Se podiam ter sido alegadas e não o foram, será aplicável o art. 508 do CPC: "Transitada em julgado a decisão de mérito, considerar-se-ão deduzidas e repelidas todas as alegações e as defesas que a parte poderia opor tanto ao acolhimento quanto à rejeição do pedido".

Por exemplo, a prescrição que pode ser alegada na fase executiva é a da execução (Súmula 150 do STF), não da pretensão cognitiva, porque esta deveria ter sido alegada na fase de conhecimento.

São essas as matérias que podem ser alegadas em impugnação, devendo considerar-se taxativo o rol legal.

Mas há um aspecto ainda a ser considerado: a lei não exige, como condição para o oferecimento da impugnação, que tenha havido prévia penhora ou avaliação. Também não prevê a possibilidade de nova impugnação, caso a penhora ou a avaliação venham a ocorrer posteriormente à apresentação da impugnação oferecida nos 15 dias contados a partir do vencimento do prazo para pagamento voluntário. A solução, caso isso ocorra, é dada pelo art. 525, § 11: "As questões relativas a fato superveniente ao término do prazo para apresentação da impugnação, assim como aquelas relativas à validade e à adequação da penhora, da avaliação e dos atos executivos subsequentes, podem ser arguidas por simples petição, tendo o executado, em qualquer dos casos, o prazo de 15 dias para formular esta arguição, contado da comprovada ciência do fato ou da intimação do ato". As matérias alegáveis são aquelas relativas ao cumprimento de sentença, que não puderam ser alegadas em impugnação porque supervenientes a ela.

15.2.11. PROCEDIMENTO DA IMPUGNAÇÃO

Apresentada a impugnação, deverá o juiz fazer um prévio juízo de admissibilidade, no qual verificará se estão preenchidos os requisitos para que possa processar-se. Cumprirá ao juiz verificar se o incidente foi apresentado no prazo; se por pessoa com legitimidade para o fazer; se a matéria alegada está entre aquelas que podem ser objeto de impugnação, conforme rol do art. 525, § 1º. Não poderá ser objeto de impugnação algo que já tenha sido alegado em prévia exceção ou objeção de pré-executividade, e já tenha sido objeto de decisão judicial, sob pena de haver *bis in idem*.

Ainda no exame preliminar, o juiz deverá decidir se estão presentes as hipóteses especiais, que justificam a concessão de efeito suspensivo ao incidente. Se faltarem os requisitos de admissibilidade, o juiz indeferirá de plano o incidente, e contra essa decisão caberá agravo de instrumento. Do contrário, o juiz o receberá, dizendo se confere ou não efeito suspensivo, caso ele tenha sido requerido, e determinando a intimação do exequente, para que sobre ele se manifeste.

A lei não alude ao prazo que o exequente teria para manifestar-se. Contudo, parece-nos que, se o devedor teve 15 dias para apresentar a impugnação, seja razoável considerar que o credor terá igual prazo para sobre ela manifestar-se, mantendo-se assim a igualdade entre os litigantes.

Com a resposta, o juiz verificará se já há elementos suficientes para proferir decisão. Em caso afirmativo, ele o fará. Caso não acolha a impugnação, proferirá decisão interlocutória

Execução Civil

agravável. Caso a acolha, é preciso verificar se disso resulta ou não a extinção da execução. Se não, haverá também decisão interlocutória; porém, se o acolhimento da impugnação implicar a extinção do processo, o recurso cabível será a apelação.

Se houver necessidade de produção de provas, o juiz as determinará, podendo nomear perito ou designar audiência de instrução e julgamento, se necessário. As regras sobre a realização de uma e outra são as do processo de conhecimento.

Na impugnação não serão fixados novos honorários advocatícios, diante do seu caráter meramente incidental. A questão sempre foi controvertida, mas o Superior Tribunal de Justiça, no REsp 1.134.186, de 3 de agosto de 2011, rel. Min. Luiz Felipe Salomão, decidiu pela negativa, valendo os honorários fixados no início, salvo se a impugnação for acolhida, com a consequente extinção da execução. Nesse sentido, a Súmula 519 assim dispõe: "Na hipótese de rejeição da impugnação ao cumprimento de sentença, não são cabíveis honorários advocatícios".

15.2.12. OBJEÇÕES E EXCEÇÕES DE PRÉ-EXECUTIVIDADE

O mecanismo previsto em lei para a defesa do executado no cumprimento de sentença é a impugnação, que, no regime do CPC/73, exigia prévia segurança do juízo, sem a qual era inviável. Dada a eficácia executiva do título, o devedor tinha de submeter seus bens a prévia constrição.

Havia casos, porém, em que não era razoável exigir do executado que a sua defesa pudesse ficar condicionada a prévia penhora. Certas matérias, por sua natureza pública, não precisariam ser alegadas em impugnação, pois deveriam ser conhecidas de ofício pelo juiz.

Por exemplo, não seria razoável que o devedor tivesse de passar pelo constrangimento de ter seus bens penhorados, quando fosse parte manifestamente ilegítima ou quando houvesse erros evidentes no cálculo apresentado.

Aquilo que devia ser conhecido de ofício pelo juiz, e que havia passado despercebido dele, poderia ser alegado pelo devedor a qualquer tempo, sem necessidade de impugnação. A parte não podia ficar prejudicada porque o juiz deixou de conhecer o que devia ser examinado de ofício, e que poria fim à execução, ou a reduziria.

Quando o devedor, no bojo da execução, apresentava defesa com o objetivo de extinguir o processo ou reduzir o valor cobrado, havia um incidente ao qual a doutrina deu o nome genérico de exceção de pré-executividade. Em princípio, servia para que o devedor alegasse, em seu proveito, matérias de ordem pública que deveriam ter sido conhecidas de ofício. O nome empregado não era dos mais felizes, já que à defesa de ordem pública dava-se o nome de objeção, em contraste à exceção, que, para ser conhecida, precisa ser alegada pelo interessado. Melhor seria a expressão "objeção de pré-executividade".

Doutrina e jurisprudência vinham dando ao incidente uma extensão maior do que aquela para a qual fora concebido originariamente. No início, apenas defesas de ordem pública poderiam ser alegadas. Depois, matérias que, conquanto não de ordem pública, podiam ser examinadas pelo juiz de plano, sem necessidade de prova pelas partes. Por exemplo, quando o devedor tinha feito o pagamento e possuía recibos que, se apresentados, demonstrariam a quitação. Não seria razoável que ele tivesse de segurar o juízo pela penhora, para só então defender-se e apresentar o documento.

Ampliou-se, assim, na vigência do CPC/73, a extensão do incidente, para permitir que abrangesse matérias cuja demonstração não dependia de provas, à exceção da documental. Era preciso que a defesa do devedor, no incidente, fosse feita por prova previamente constituída. Com isso, abriu-se a possibilidade de, além das objeções, serem apresentadas verdadeiras exceções de pré-executividade, incidentes de que o devedor se valia para, no bojo da execução, apresentar defesas que não eram de ordem pública. Ambas exigiam que o alegado fosse comprovado documentalmente.

A grande vantagem dessas formas de defesa era que não exigiam prévia segurança de juízo, dispensando a penhora.

No Código de Processo Civil atual, tanto no cumprimento de sentença quanto na execução por título extrajudicial, a apresentação de defesa – por impugnação no primeiro, por embargos na segunda – independe de prévia garantia do juízo pela penhora. Em razão disso, desapareceu quase todo o interesse para a oposição de exceções ou objeções de pré-executividade. Não nos parece, porém, que esses mecanismos devam desaparecer por completo, pois podem continuar tendo alguma utilidade. Por exemplo, quando, transcorrido o prazo da impugnação ou dos embargos *in albis*, houver matéria superveniente ou não sujeita a preclusão, que não tenha sido examinada pelo juiz, o interessado poderá valer-se de tais incidentes para alegá-las. Os arts. 518 e 525, § 11, do CPC indicam a possibilidade de apresentação de defesa no próprio bojo da execução, sem impugnação ou embargos.

No entanto, a utilidade deles ficou muito reduzida. Nos casos em que ainda se pode admiti-los, quando não é mais possível oferecer impugnação, mas há questão superveniente a ser suscitada, o incidente será formulado por mera petição, apresentada no curso da execução. Ele não terá efeito suspensivo. Recebido, o juiz intimará o exequente a manifestar-se. Como não há previsão legal, o juiz fixará prazo razoável para tanto. Se não o fizer, o credor terá cinco dias. Depois de ouvido, o juiz decidirá.

Por se tratar de meros incidentes, as exceções e objeções, apresentadas por simples petições, são julgadas por decisões interlocutórias agraváveis. Mas, se delas resultar a extinção da execução, haverá sentença, contra a qual caberá apelação.

15.2.13. EXPROPRIAÇÃO DE BENS

Não há peculiaridades quanto à expropriação de bens, no cumprimento de sentença, aplicando-se *in totum* as regras referentes aos títulos extrajudiciais, que serão estudadas no capítulo correspondente.

15.2.14. CUMPRIMENTO DE SENTENÇA POR ATO ILÍCITO

A sentença que reconhece obrigação decorrente de ato ilícito executa-se da mesma forma que os títulos executivos judiciais em geral. Quando incluir prestação de alimentos, a lei atribui poderes ao juiz para determinar providências que assegurem ao credor o seu recebimento. Tais providências estão enumeradas no art. 533 do CPC.

De acordo com esse dispositivo, o juiz poderá ordenar ao executado, a requerimento do exequente, a constituição de um capital, cuja renda assegure o pagamento do valor mensal da pensão. A finalidade é assegurar de maneira eficiente o pagamento dessas prestações, que possivelmente constituirão o sustento do credor. A lei assegura ao juiz a possibilidade de ordenar a constituição do capital, mas não determina que ele o faça sempre. Permite-se a ele verificar, caso a caso, a oportunidade e a viabilidade da medida, determinando-a quando parecer a forma mais eficiente de assegurar o ressarcimento do credor.

O § 1º do art. 533 do CPC indica quais as formas pelas quais esse capital deve ser constituído: "O capital a que se refere o *caput*, representado por imóveis ou por direitos

Execução Civil

reais sobre imóveis suscetíveis de alienação, títulos da dívida pública ou aplicações financeiras em banco oficial, será inalienável e impenhorável enquanto durar a obrigação do executado, além de constituir-se em patrimônio de afetação". O § 2º do art. 533 enuncia regra que há muito tempo é aplicada pela jurisprudência e admitida pela doutrina: "O juiz poderá substituir a constituição do capital pela inclusão do exequente em folha de pagamento de pessoa jurídica de notória capacidade econômica, ou, a requerimento do executado, por fiança bancária ou garantia real, em valor a ser arbitrado de imediato pelo juiz".

O juiz, antes de determinar a substituição da constituição de capital, na forma do § 2º do art. 533, deve ouvir as partes a respeito, decidindo de forma que melhor assegure o cumprimento da obrigação.

O § 3º do art. 533 permite ao juiz que, a requerimento das partes, reduza ou aumente a prestação, conforme as circunstâncias, quando sobrevier modificação nas condições econômicas. Trata-se da alteração do binômio "necessidade x possibilidade", que repercute sobre o montante das prestações que tenham cunho alimentar. Trata-se de situação em que há coisa julgada *rebus sic stantibus*, e os efeitos da sentença ficam imutáveis apenas enquanto se mantiverem as circunstâncias fáticas presentes no momento da sua prolação.

Tal possibilidade só era admitida, anteriormente, quando do início da vigência do CPC/73, nos alimentos decorrentes do direito de família, isto é, provenientes de relações de parentesco, de casamento ou de união estável. Mas há muito já se vinha estendendo a possibilidade de revisão aos alimentos provenientes de atos ilícitos, havendo alteração no binômio "possibilidade x necessidade".

Diante do que dispõe expressamente o art. 533, § 3º, não pode mais haver dúvida quanto à possibilidade de alterar-se a prestação mensal da pensão alimentícia de cunho indenizatório, fixada em condenação por ato ilícito, caso sobrevenha alteração nas condições do ofensor ou do ofendido. A coisa julgada, nessas hipóteses, será *rebus sic stantibus*.

15.2.15. CUMPRIMENTO DE SENTENÇA PENAL CONDENATÓRIA, SENTENÇA ARBITRAL E SENTENÇA ESTRANGEIRA

A peculiaridade no cumprimento desses tipos de sentença é que não terá havido fase de conhecimento antecedente na esfera cível. Nem anterior citação do devedor.

Será indispensável que ele seja citado, embora se trate de execução fundada em título judicial.

Pode ser que o título já seja líquido, caso em que será promovida diretamente a execução, que constituirá um processo autônomo, no qual o devedor deverá ser citado, para pagar em 15 dias, sob pena de multa de 10% e expedição de mandado de penhora e avaliação. O procedimento será o dos arts. 523 e s., com a única peculiaridade de que, em vez de intimação do executado na pessoa do advogado para efetuar o pagamento, haverá a citação.

Pode ainda ocorrer que, antes da execução, seja necessária a liquidação por arbitramento ou de procedimento comum. Se assim for, o devedor será citado para acompanhá-la; apurado o *quantum debeatur*, será intimado para fazer o pagamento do débito, no prazo de 15 dias, sob pena de multa de 10% e expedição de mandado de penhora e avaliação.

Ainda que essa execução possa constituir um novo processo, já que não há nenhum outro precedente, a execução far-se-á na forma dos arts. 523 e s. do CPC.

SINOPSES JURÍDICAS

Quadro sinótico – Execução por quantia certa contra devedor solvente

1) Conceito: forma de execução das obrigações de entrega de dinheiro. Expropriam-se os bens do devedor para, com o produto, pagar o credor.

Formas de expropriação	– com adjudicação de bens do devedor pelo credor, ou pessoas indicadas na lei; – por alienação particular; – por alienação em leilão judicial, eletrônico ou presencial; – por apropriação de frutos e rendimentos da coisa móvel ou imóvel.
Cumprimento de sentença	**– Intimação:** Antes de iniciada a execução, o devedor será, a requerimento do credor, intimado para pagar em 15 dias o montante da condenação, sob pena de multa de 10% revertida em favor do credor, além de honorários advocatícios da fase executiva de 10% do débito. A intimação é feita, em regra, na pessoa do advogado. No entanto, devem ser observadas as ressalvas do art. 513, § 2º, do CPC. O prazo de impugnação fluirá automaticamente, e sem nova intimação, do transcurso *in albis* do prazo para pagamento voluntário. Dívida inadimplida: o credor requererá a expedição do mandado de penhora, podendo indicar bens. Caso os desconheça, o oficial de justiça diligenciará para localizá-los, efetivando a penhora, respeitada a ordem do art. 835 do CPC. Feitas a penhora e a avaliação, é preciso que o executado seja intimado, na pessoa do advogado ou pessoalmente, se não o tiver.

Defesas do executado

	Características	Natureza
Impugnação	Não exige prévia penhora. Regra: não tem efeito suspensivo. Porém, pode ser concedido se puder causar grave dano de difícil ou incerta reparação ao executado, se forem relevantes os fundamentos apresentados, e se tiver havido penhora, caução idônea ou depósito que garanta o débito. Quando deferido o efeito suspensivo, ainda assim a execução prosseguirá se o credor apresentar caução idônea nos mesmos autos, no valor arbitrado pelo juiz. Permite-se a produção de todos os tipos de provas.	Incidente processual: julgada por decisão interlocutória, passível de agravo de instrumento. Exceção: se do acolhimento resultar a extinção do processo, haverá sentença, contra a qual caberá apelação.
Objeção de pré-executividade	Serve para alegar defesa de ordem pública, que deveria ser conhecida de ofício. Não exige prévia penhora. Não tem efeito suspensivo. Prova pré-constituída.	Incidente processual.
Exceção de pré-executividade	Serve para alegar defesas que não são de ordem pública (exceções), comprováveis documentalmente. Não exige prévia penhora. Não tem efeito suspensivo. Prova pré-constituída.	Incidente processual.

Execução Civil

Impugnação

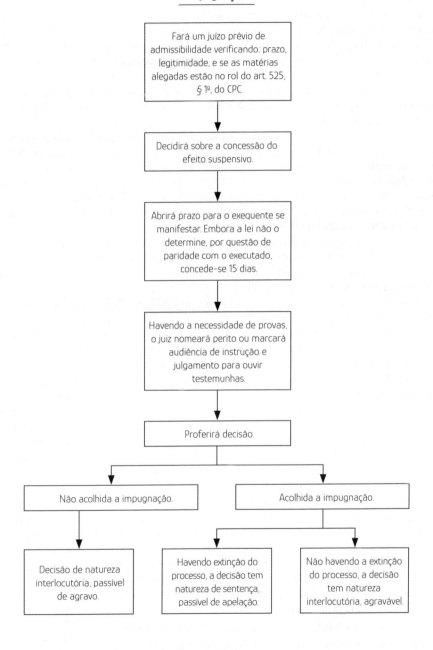

SINOPSES JURÍDICAS

16 CUMPRIMENTO DE SENTENÇA QUE RECONHECE A EXIGIBILIDADE DE OBRIGAÇÃO DE PAGAR CONTRA A FAZENDA PÚBLICA

O CPC, nos arts. 534 e 535, cuida do cumprimento de sentença que reconhece obrigação por quantia contra a Fazenda Pública.

O procedimento previsto no Código de Processo Civil diz respeito apenas às execuções em que a Fazenda figura no polo passivo. A expressão "Fazenda Pública" engloba todas as pessoas jurídicas de direito público interno (União, Estados, Municípios, Distrito Federal, autarquias e fundações públicas). Quando a Fazenda for exequente, o procedimento será aquele previsto na Lei n. 6.830/80.

Os bens públicos são impenhoráveis. Daí resultam consequências importantes, que vão repercutir no procedimento das execuções contra a Fazenda Pública, nas quais não pode haver expropriação de bens.

A execução contra a Fazenda pode estar fundada tanto em título judicial como em extrajudicial, que contenha obrigação de pagar quantia certa, de fazer ou de não fazer. Não há nenhuma limitação de ordem material ou processual na utilização de título extrajudicial, para embasar execução contra a Fazenda. Não há como aceitar a objeção de que a sentença contra a Fazenda está sujeita ao duplo grau de jurisdição, só ganhando força executiva após reapreciação pela superior instância. A questão ficou ultrapassada com a edição da Súmula 279 do Superior Tribunal de Justiça.

A execução precisa estar fundada em algo a que a lei atribua força executiva. A sentença condenatória contra a Fazenda ganha força executiva após a remessa necessária. O título executivo extrajudicial ganha força executiva desde que se adapte ao tipo legal e atenda a todos os requisitos formais previstos pelo legislador.

Constituído o título judicial, a Fazenda será intimada, não para pagar, mas para oferecer impugnação no prazo de 30 dias (CPC, art. 535). O prazo corre a partir da intimação da Fazenda na pessoa de seu representante judicial, por carga, remessa ou meio eletrônico. Como a Fazenda não pode pagar, não há o prazo para pagamento voluntário previsto no art. 523, *caput*, nem a incidência da multa, prevista no art. 523, § 1º.

Quando não oposta a impugnação, ou sendo ela rejeitada, será expedido precatório, pelo qual o juiz, por intermédio do presidente do tribunal competente, requisita o pagamento. Ou, quando se tratar de obrigação de pequeno valor, por ordem do juiz, dirigida à autoridade na pessoa de quem o ente público foi citado para o processo, será requisitado o pagamento, que deverá ser realizado no prazo de dois meses a contar da entrega da requisição, mediante depósito na agência do banco oficial mais próxima da residência do exequente. Nesse caso, a Fazenda Pública não será condenada em honorários advocatícios, tendo em vista o disposto no art. 1º-D da Lei n. 9.494/97.

Tal como nos cumprimentos de sentença de obrigação por quantia certa em geral, a impugnação não se prestará a que a Fazenda alegue qualquer tipo de defesa, como ocorre nos embargos à execução por título extrajudicial. Haverá limitações justificáveis pela preexistência da fase cognitiva. Aquilo que foi ou que poderia ser alegado como defesa e não foi, na fase de conhecimento, não mais poderá ser alegado na fase de cumprimento de sentença. Daí as restrições às matérias alegáveis, enumeradas no art. 535 do CPC:

I – falta ou nulidade da citação, se o processo correu à revelia;

II – ilegitimidade de parte;

III – inexequibilidade do título ou inexigibilidade da obrigação;

IV – excesso de execução ou cumulação indevida de execuções;

V – incompetência absoluta ou relativa do juízo da execução;

Execução Civil

VI – qualquer causa modificativa ou extintiva da obrigação, como pagamento, novação, compensação, transação ou prescrição, desde que supervenientes ao trânsito em julgado da sentença.

O art. 535, § 5º, estabelece que: "Para efeito do disposto no inciso III do 'caput' deste artigo, considera-se também inexigível a obrigação reconhecida em título judicial fundado em lei ou ato normativo considerado inconstitucional pelo Supremo Tribunal Federal, ou fundado em aplicação ou interpretação da lei ou ato normativo tido pelo Supremo Tribunal Federal como incompatível com a Constituição Federal, em controle de constitucionalidade concentrado ou difuso". Fica ressalvado, porém, que esse dispositivo só se aplica quando a decisão do Supremo Tribunal Federal for anterior ao trânsito em julgado da sentença, nos termos do art. 535, § 7º, do CPC.

As hipóteses de cabimento de impugnação no cumprimento de sentença contra a Fazenda Pública coincidem quase integralmente com as de cabimento da impugnação, no cumprimento de sentença em geral (art. 525, § 1º).

O procedimento é o mesmo da impugnação em geral, com a ressalva de que, como o prazo de apresentação é de 30 dias, e não de 15, o prazo para impugná-los será também de 30 dias. O juiz verificará a necessidade ou não de produção de provas, determinando as que forem necessárias, ou promovendo o julgamento antecipado se não houver provas a produzir.

As dívidas de natureza alimentar da Fazenda gozam de preferência e não precisam respeitar a ordem cronológica dos precatórios, expedidos para o pagamento de dívidas de natureza diversa (Súmula 144 do STJ). Há duas ordens cronológicas para pagamento: dos precatórios ordinários, expedidos para pagamento de dívidas não alimentares; e dos precatórios extraordinários, que gozam de preferência sobre os ordinários, e que são emitidos para pagamento das dívidas alimentares.

Recebido o requisitório, a Fazenda Pública deverá incluir no orçamento verba suficiente para o pagamento dos precatórios, sob pena de o credor preterido requerer o sequestro ou representar ao Procurador-Geral da República ou de Justiça, para que promovam ação objetivando a intervenção.

O art. 100, § 3º, da Constituição Federal, com a redação que lhe foi dada pela Emenda Constitucional n. 62, de 9 de dezembro de 2009, criou a possibilidade de fazer-se a execução contra a Fazenda Pública, sem a necessidade de expedição de precatório. Trata-se das execuções de obrigações definidas em leis como de pequeno valor. As execuções contra a Fazenda Pública da União serão de pequeno valor se versarem sobre obrigações de até 60 salários mínimos, nos termos do art. 17, § 1º, da Lei n. 10.259/2001. Já as execuções contra a Fazenda Estadual e Municipal serão de pequeno valor conforme for estabelecido em lei editada pelo próprio ente federado, nos termos do art. 87 do Ato das Disposições Constitucionais Transitórias. Enquanto não for editada tal lei, serão consideradas as de valor até 40 salários mínimos, para a Fazenda dos Estados e do Distrito Federal, e até 30 salários mínimos, para a Fazenda dos Municípios, permitindo o parágrafo único a renúncia, pelo credor, do que exceder a esse montante, caso prefira promover a execução independentemente do precatório.

Sendo a obrigação limitada a esses valores, o procedimento não dependerá da expedição de precatório, bastando ao juiz que emita uma requisição de pagamento – chamada Requisição de Pequeno Valor (RPV) – a ser cumprida pela Fazenda Pública no prazo de 2 meses, sob pena de sequestro de bens (art. 535, § 3º, II, do CPC e art. 17, *caput*, da Lei n. 10.259/2001). Promovido o cumprimento de sentença de pequeno valor, a Fazenda será intimada para em 30 dias oferecer impugnação. Não a opondo, ou sendo ela improcedente, em vez de haver a expedição do precatório, será emitida pelo próprio juiz a re-

SINOPSES JURÍDICAS

quisição para pagamento, dirigida à autoridade competente para realizá-lo, a ser cumprida em 2 meses. Sendo o cumprimento de sentença de pequeno valor, ainda que não haja impugnação, serão devidos honorários advocatícios, havendo uma exceção à regra do art. 1º-D da Lei n. 9.494/97, como decidiu o STF no RE 420.816/PR.

Quadro sinótico – Cumprimento de sentença que reconhece obrigação por quantia contra a Fazenda Pública

– Vem regulada nos arts. 534 e 535 do CPC.
– Fazenda Pública no polo ativo: Lei n. 6.830/80.
– Bens impenhoráveis, logo a execução não se dará por meio da expropriação de bens.
– Execução fundada tanto em título judicial como extrajudicial.
– Título executivo judicial: a sentença condenatória contra a Fazenda ganha força executiva após a remessa necessária.
– Título executivo extrajudicial: ganha força executiva desde que se adapte ao tipo legal e atenda a todos os requisitos formais previstos pelo legislador.
– A Fazenda é intimada para impugnar em 30 dias (e não para pagar).
– Julgada improcedente ou não oposta a impugnação, serão expedidos precatórios, pelos quais o juiz, por intermédio do presidente do tribunal competente, requisitará o pagamento.
– Precatórios: devem ser pagos em ordem cronológica, observados os créditos de natureza alimentar.
– Nas obrigações de pequeno valor, não será expedido precatório, mas a Requisição de Pequeno Valor (RPV) para pagamento em dois meses, sob pena de sequestro de bens.

---

17 CUMPRIMENTO DE SENTENÇA QUE RECONHECE OBRIGAÇÃO DE PRESTAR ALIMENTOS

O credor de obrigação de alimentos pode, se o preferir, utilizar o cumprimento de sentença que reconhece obrigação de pagar quantia certa contra devedor solvente, para cobrar as prestações vencidas e não pagas (art. 528, § 8º, do CPC).

No entanto, os arts. 528, *caput* e §§ 1º a 7º, e s. do CPC preveem uma forma de execução muito mais eficiente, que inclui a perspectiva de prisão civil do devedor inadimplente. O credor não poderá valer-se dessa execução especial para exigir todo o crédito de alimentos, mas apenas os três últimos, vencidos antes do ajuizamento da execução, e os que se forem vencendo no seu curso. É o que dispõem o art. 528, § 7º, e a Súmula 309 do STJ. As anteriores terão de ser cobradas por execução convencional, respeitado o prazo prescricional de dois anos, a contar dos respectivos vencimentos.

De acordo com o art. 528, *caput*, o juiz, a requerimento do exequente, mandará intimar o devedor pessoalmente para, em três dias, pagar, provar que já pagou ou justificar a impossibilidade de fazê-lo.

Ao executado restarão três alternativas: pagar ou provar que já pagou, caso em que a execução será extinta; tentar escusar-se, alegando impossibilidade de efetuar o pagamento; ou silenciar. Se o devedor não pagar, não provar que pagou, nem se escusar, o juiz decretar-lhe-á a prisão civil, além de mandar protestar o pronunciamento judicial de ofício e independentemente do trânsito em julgado (art. 528, § 1º, do CPC).

Desde que o Supremo Tribunal Federal afastou a prisão civil do depositário infiel, a do devedor de alimentos tornou-se a única hipótese de prisão por dívida (CF, art. 5º, LXVII).

Ela não constitui pena, mas meio de coerção. Tanto que, feito o pagamento, o devedor será imediatamente posto em liberdade.

Execução Civil

A prisão civil não pode ser decretada de ofício, mas depende do requerimento do exequente; por razões pessoais, e dadas as ligações que mantém ou manteve com o devedor, ele pode não desejar que ela seja decretada. Há controvérsias quanto à possibilidade de o Ministério Público a requerer, nos casos em que intervenha. Parece-nos que, pela mesma razão, não se justifica que o faça, cabendo tão somente ao exequente a iniciativa.

A prisão pode ser decretada na execução especial de alimentos tanto definitivos como provisórios ou provisionais.

O Código de Processo Civil prevê que o prazo dela é de um a três meses (art. 528, § 1º), **mas o Código de Processo Civil anterior fixava o mesmo prazo, e ainda assim prevalecia o entendimento de que deveria valer o prazo estabelecido na Lei de Alimentos, de até 60 dias** (art. 19 da Lei n. 5.478/68). Embora o CPC/73 e o atual sejam posteriores, a Lei de Alimentos é especial e deve prevalecer sobre a geral. Nesse sentido: "É ilegal a prisão do devedor de pensão alimentícia por prazo superior ao previsto na Lei de Alimentos (60 dias), pois esta, em face do princípio da especialidade das normas, prevalece sobre o prazo prisional previsto no Código de Processo Civil" (*RT* 854/345).

A prisão deverá ser cumprida em regime fechado, mas o preso ficará separado dos presos comuns.

O § 5º do art. 528 esclarece que "o cumprimento da pena não exime o executado do pagamento das prestações vencidas e vincendas", que poderão ser cobradas na forma convencional, com penhora de bens. **Mas o devedor não pode ser preso mais de uma vez, pelas mesmas prestações**. Ele poderá ser preso novamente se não efetuar o pagamento das novas, que se forem vencendo.

O Código de Processo Civil atual afasta qualquer dúvida sobre a possibilidade da prisão civil quando a execução de alimentos estiver fundada em título extrajudicial, estabelecendo que o art. 528, §§ 2º a 7º, aplica-se também a ela (art. 911, parágrafo único, do CPC).

O procedimento previsto no art. 528, *caput*, do CPC pode ser empregado tanto para o cumprimento da decisão que fixa alimentos definitivos, e aí o cumprimento será definitivo, quanto para a decisão que fixa alimentos provisórios e provisionais, caso em que será provisório.

No prazo de três dias após a juntada aos autos do aviso de recebimento da carta ou da juntada do mandado de intimação para pagamento, o devedor pode optar por escusar-se, alegando a impossibilidade de fazê-lo. Se isso ocorrer, o juiz deve dar oportunidade para ele comprovar a impossibilidade, inclusive designando, se for o caso, audiência para ouvida de testemunhas. Trata-se de hipótese em que se admite instrução excepcional, no bojo do processo executivo. Acolhida a justificativa, o devedor não estará exonerado do pagamento do débito vencido, mas não se poderá mais decretar a sua prisão.

Também não cabe ao juiz da execução exonerar o devedor da obrigação de alimentos, nem alterar o valor das prestações, o que deverá ser postulado pelo devedor em ação autônoma de exoneração ou revisão de alimentos.

Quando o devedor for funcionário público ou tiver emprego fixo, o credor poderá requerer que os alimentos sejam descontados em folha de pagamento.

É comum que o exequente postule, no mesmo processo, a execução de parcelas mais recentes, pelo procedimento especial, e de parcelas mais antigas, pelo procedimento convencional.

O procedimento do art. 528, *caput*, é diferente do cumprimento de sentença do art. 528, § 8º. No primeiro, o devedor é intimado a pagar em três dias, provar que o fez, ou justificar a impossibilidade de fazê-lo, sob pena de prisão. No segundo, o devedor é intimado para pagar em 15 dias, sob pena de multa e penhora. Por conta disso, pende

SINOPSES JURÍDICAS

enorme controvérsia doutrinária e jurisprudencial a respeito da viabilidade de cumulação das duas pretensões executivas. Parece-nos que o credor de alimentos não pode ficar prejudicado por questões de natureza processual, se ele tem a receber valores mais recentes, que podem ser cobrados pela forma especial, e mais antigos, que só podem ser exigidos pela forma convencional. Nada obsta a que o mesmo título judicial dê ensejo às duas formas de cumprimento de sentença: a especial, para cobrança das prestações mais recentes, e a comum, para cobrança das mais antigas. Assim, o executado será intimado para pagar as primeiras, provar que as pagou ou justificar a impossibilidade, em três dias, sob pena de prisão, e também será intimado para pagar o débito mais antigo, no prazo de 15 dias, sob pena de multa e penhora de bens, não havendo nenhuma incompatibilidade.

Quanto à eficácia da sentença de alimentos, o Superior Tribunal de Justiça editou a Súmula 621, que assim estabelece: "Os efeitos da sentença que reduz, majora ou exonera o alimentante do pagamento retroagem à data da citação, vedadas a compensação e a repetibilidade".

Quadro sinótico – Cumprimento de sentença que reconhece a obrigação de prestar alimentos

O credor pode optar pelo rito comum dos cumprimentos de sentença por quantia certa (art. 528, § 8º), caso em que não haverá possibilidade de prisão ou poderá preferir o rito especial do art. 528, *caput* e §§ 1º a 7º. Pode ainda, quando possível, postular o desconto em folha de pagamento.
– Admite a prisão do devedor, por até 60 dias (Lei n. 5.478/68 – Lei de Alimentos).
– Intimado, o devedor terá três alternativas:
1ª) pagar ou provar que já pagou: a execução será extinta;
2ª) tentar escusar-se alegando a impossibilidade de efetuar o pagamento: o juiz deve dar oportunidade para o devedor comprovar a impossibilidade, inclusive designando, se for o caso, audiência para oitiva de testemunhas;
3ª) silenciar.
– Não sendo acolhida a justificativa, ou no caso de silêncio do devedor, a prisão será decretada.
– Súmula 309 do STJ e art. 528, § 7º – execução especial só pode incluir as três parcelas em atraso anteriores ao ajuizamento da execução, bem como as que se vencerem no curso desta.
– Por meio dessa forma de cumprimento de sentença poderão ser cobrados alimentos definitivos, provisórios e provisionais.
– Caso o devedor pague a dívida, ele deverá ser posto imediatamente em liberdade, tendo em vista que a finalidade da prisão é coercitiva, e não punitiva.
– Se o devedor for funcionário público ou tiver emprego fixo, é possível que os alimentos sejam descontados em folha de pagamento.
– Não há óbice para que haja a cumulação das duas formas de cumprimento de sentença. A especial, abrangendo as três parcelas anteriores ao ajuizamento da execução e que se vencerem no curso desta, e a comum, em relação às parcelas mais antigas, observado o procedimento do cumprimento de sentença por quantia certa contra devedor solvente, com a penhora de bens do devedor e posterior expropriação.

---

18 EXECUÇÃO POR QUANTIA CERTA FUNDADA EM TÍTULO EXTRAJUDICIAL

Constitui processo autônomo, e não mera fase de um processo maior. As regras que o regulam são aplicadas subsidiariamente ao cumprimento de sentença.

De maneira geral, a execução por quantia fundada em título extrajudicial compreende os seguintes atos:

Execução Civil

a) petição inicial;

b) exame da inicial pelo juiz, do qual pode resultar o seu indeferimento ou recebimento, com a determinação de que o executado seja citado e intimado do prazo para o oferecimento de embargos. No despacho inicial, o juiz já fixará os honorários advocatícios em 10% para a hipótese de pagamento;

c) a citação do devedor, para pagar em três dias sob pena de penhora. Se ele fizer o pagamento dentro do prazo, os honorários fixados no despacho inicial serão reduzidos à metade. Satisfeita a obrigação, será extinta a execução. Se não, após os três dias, serão feitas a penhora e a avaliação de bens do devedor;

d) com a juntada aos autos do mandado de citação, passa a correr o prazo de 15 dias para embargos, independentemente de ter ou não havido penhora. Os honorários advocatícios poderão ser elevados até 20%, quando rejeitados os embargos. Mesmo que não haja embargos, os honorários poderão ser elevados ao final do procedimento executivo, levando em conta o trabalho realizado pelo advogado do exequente;

e) se os embargos não forem opostos, se forem recebidos sem efeito suspensivo, ou se julgados improcedentes, passar-se-á à fase de expropriação de bens.

Cada uma dessas fases será examinada em item apartado.

18.1. PETIÇÃO INICIAL

Além dos requisitos dos arts. 319 e 320 do CPC, o credor a instruirá com memória discriminada do cálculo, indicando o débito e seus acréscimos. A memória tem de ser tal que permita ao executado e ao juiz verificar o valor originário, a data de vencimento, os acréscimos e as deduções. O demonstrativo do débito deve conter todas as informações exigidas pelo art. 798, parágrafo único, do CPC.

Se o exequente desejar, poderá já indicar sobre qual bem deve a penhora recair, já que é dele a prioridade na indicação.

O juiz examinará a inicial. Se tiver falhas, concederá 15 dias ao exequente para saná-las. Se não, determinará a citação do executado para que pague em três dias, sob pena de penhora. O devedor não é mais citado para pagar ou nomear bens à penhora, como antigamente, porque a prioridade de nomeação é do exequente.

O juiz ainda fixará em 10% os honorários advocatícios devidos ao exequente, que serão reduzidos à metade, caso haja o pagamento no prazo fixado.

18.2. CITAÇÃO

O devedor é citado para pagar em três dias o que deve. Não lhe cabe mais o direito de nomear, nesse prazo, bens à penhora, sendo a preferência atribuída ao credor. Nada obsta, porém, que, querendo, indique bens que possam garantir o débito, caso em que, havendo concordância do exequente, o juiz poderá determinar que a penhora recaia sobre eles. Mas, como regra, cumpre ao exequente, já na petição inicial, indicar quais os bens que pretende ver penhorados, observada a ordem do art. 835 do CPC. A regra é salutar, evitando que o executado indique bens de pouca liquidez, ou de valor inferior ao débito, para tentar furtar-se ao pagamento, originando um incidente que pode retardar o prosseguimento da execução.

Caso o exequente não indique bens à penhora, o oficial de justiça, depois de transcorrido *in albis* o prazo de três dias, poderá penhorar livremente os bens do executado que encontrar, observada a ordem do art. 835 do CPC. Há uma hipótese, no entanto, em que a penhora pode recair preferencialmente sobre bem indicado pelo executado. Trata-se daquela mencionada no art. 829, § 2º, do CPC: "A penhora recairá sobre os bens indicados pelo exequente, salvo se outros forem indicados pelo executado e aceitos pelo juiz, mediante demonstração de que a constrição proposta lhe será menos onerosa e não trará prejuízo ao exequente". Pode ocorrer que o exequente não indique bens penhoráveis do executado na petição inicial, porque não os consiga identificar ou localizar, mas o juiz, de ofício ou a requerimento daquele, pode mandar intimar, a qualquer tempo, o executado, para que indique bens passíveis de penhora. Se ele, tendo bens penhoráveis, não os indica ao juiz no prazo por ele fixado, pratica ato atentatório à dignidade da justiça (art. 774, V, do CPC), sujeitando-se às penas do parágrafo único do art. 774.

Em todas as hipóteses de execução fundada em título extrajudicial, o executado será citado, pois, como não houve fase precedente, será necessário dar-lhe ciência do processo e dos termos da petição inicial.

Todas as formas de citação previstas no Código de Processo Civil são admitidas na execução, inclusive **a por carta**, que não era admitida na legislação anterior. Sendo feita por mandado, se houver suspeita da ocultação do devedor, far-se-á com hora certa. Antiga corrente doutrinária negava a possibilidade de citação com hora certa na execução, mas está superada (Súmula 196 do STJ).

Justifica-se que a citação seja feita por carta, já que nem sempre haverá necessidade de expedição de mandado de penhora, como, por exemplo, quando a penhora for feita por termo nos autos, ou após bloqueio de depósitos bancários.

Se a citação for feita por oficial de justiça, o mandado de citação e penhora será único, mas convém que seja expedido em duas vias. Isso porque, efetivada a citação, a primeira via será juntada aos autos, e, a partir de então, fluirá o prazo de 15 dias para a oposição de embargos, prazo este cuja fluência não depende da prévia realização da penhora. A segunda via do mandado fica em poder do oficial de justiça. Transcorrido o prazo de três dias a contar da efetiva citação do executado, sem que tenha havido pagamento, o oficial, munido da segunda via do mandado, efetuará a penhora dos bens indicados pelo exequente ou, se este não os indicar, dos bens que localizar, ou que forem apontados pelo próprio executado. Mas, sendo ou não localizados bens e efetuada a penhora, o prazo dos embargos estará fluindo, desde a juntada do mandado de citação cumprido. Assim, enquanto o prazo de embargos flui da juntada aos autos do mandado de citação, o prazo de três dias para pagamento corre da efetiva citação, ficando o oficial com a segunda via do mandado em seu poder.

Se não for possível localizar o executado, mas forem localizados os seus bens, a execução prosseguirá, observando o disposto no art. 830 do CPC. O oficial de justiça arrestará os bens do executado, necessários à garantia do juízo. A guarda dos bens arrestados deverá ser confiada a um depositário (CPC, art. 159). Feito o arresto, o oficial de justiça deve, nos dez dias seguintes, procurar o executado, por duas vezes, em dias distintos. Se o localizar, deverá citá-lo, convertendo-se o arresto em penhora. Se não, certificará o ocorrido, promovendo a citação com hora certa, se suspeitar de eventual ocultação. Frustrada a possibilidade de citação pessoal e não sendo caso de citação com hora certa, incumbe ao exequente requerer a citação por edital.

Findo o prazo do edital, o executado terá prazo de três dias para pagar. Se não o fizer, o arresto converter-se-á automaticamente em penhora. A conversão é automática e independe de decisão judicial ou da lavratura de termo.

Seja qual for a forma de execução, se o executado for citado por edital ou com hora certa, o juiz nomeará um curador especial para defendê-lo. O curador acompanhará toda a execução e oporá embargos, se tiver elementos para fazê-lo. Quando o curador não tiver elementos para opor embargos, ele não o fará, uma vez que inexistem embargos por negativa geral.

Execução Civil

18.3. PENHORA E AVALIAÇÃO

Caso o executado não pague, serão penhorados tantos bens dele quantos bastem para a garantia do juízo. O valor dos bens penhorados deve ser tal que baste para o pagamento do principal corrigido, juros, custas e honorários advocatícios (CPC, art. 831). A penhora deve observar, preferencialmente, a ordem do art. 835 do CPC, mas tem-se decidido que esta não tem caráter rígido e absoluto, sendo possível invertê-la, quando se verificar que atende melhor à satisfação do crédito, sem onerar em demasia o executado.

A penhora é o primeiro ato executório praticado na execução por quantia. Tem ela a função de individualizar os bens que serão expropriados para pagar o exequente. Por meio da penhora, os bens do executado são apreendidos e deixados sob a guarda de um depositário, ficando afetados à futura expropriação. A penhora poderá ser realizada mediante auto ou termo. Para a sua efetivação, o oficial de justiça pode solicitar uma ordem de arrombamento, podendo o juiz determinar o auxílio da força policial, sempre que necessário.

O auto ou o termo de penhora deverá conter a data e o local em que ela foi realizada, o nome das partes, a descrição precisa dos bens e a nomeação de um depositário (CPC, art. 838). Enquanto não nomeado o depositário, a penhora não se terá aperfeiçoado. A penhora que recair sobre imóveis deve ser averbada no respectivo Cartório de Registro de Imóveis. Porém a averbação não é condição de validade da penhora, mas sim condição de eficácia perante terceiros.

A penhora de bens imóveis e veículos automotores vem regulada especificamente no art. 845, § 1º, do CPC.

Ela pode ser realizada por auto ou por termo. Por auto, quando realizada por oficial de justiça, o que só ocorrerá se o credor assim preferir, ou se houver alguma razão para a intervenção do oficial, como a recusa do devedor em entregar a posse do imóvel ao depositário. Se houver nos autos certidão imobiliária, a penhora de imóveis poderá dispensar a participação do oficial de justiça e ser realizada por termo. Não será necessário que o oficial vá ao local, nem que descreva o imóvel, já identificado pela certidão. O mesmo ocorrerá em relação aos veículos automotores, quando apresentada certidão que ateste a sua existência. A penhora por termo tem a vantagem de poder ser realizada mesmo que o bem esteja em outra comarca.

A penhora pode recair em bens corpóreos ou incorpóreos, como créditos. Se o crédito estiver consubstanciado em letra de câmbio, nota promissória, duplicata, cheque ou outros títulos, far-se-á pela apreensão do documento, esteja ou não este em poder do executado. Porém, mesmo sem a apreensão, se o terceiro confessar a dívida, será tido como depositário da importância, considerando-se feita a penhora com: a) a intimação ao terceiro devedor para que não pague ao executado, seu credor; ou b) a intimação ao executado, credor do terceiro, para que não pratique ato de disposição do crédito. Com a intimação, o terceiro só se exonerará da obrigação depositando em juízo a importância da dívida.

Se a penhora recair sobre direito e ação do executado, não tendo havido embargos ou sendo eles rejeitados, o exequente se sub-rogará nos direitos do executado.

A penhora no rosto dos autos é a que recai sobre eventual direito do executado, discutido em processo judicial.

Enquanto não julgado o crédito, o devedor tem uma expectativa de direito, que só vai se transformar em direito efetivo se a sua pretensão for acolhida.

É possível efetuar a penhora dessa expectativa, no processo em que o executado demanda contra terceiros.

SINOPSES JURÍDICAS

Caso ele saia vitorioso, a penhora terá por objeto os bens ou créditos que lhe forem reconhecidos ou adjudicados; caso seja derrotado, ficará sem efeito. O nome vem de ela ser realizada nos autos do processo em que o executado discute o seu direito. O procedimento deve observar o disposto no art. 860 do CPC. O oficial de justiça intima o escrivão que cuida desse processo a anotar no rosto dos autos que os direitos eventuais do devedor naquele processo estão penhorados.

Feita a penhora no rosto dos autos, o exequente terá três alternativas:

a) aguardar o desfecho do processo em que o executado litiga com terceiro;

b) tentar alienar o direito litigioso, o que não será fácil diante das dificuldades de encontrar arrematantes;

c) sub-rogar-se nos direitos do executado.

A penhora pode ainda ser realizada por meio eletrônico (penhora *on-line*), em especial de numerário depositado em instituição financeira.

É a que se realiza por meio de comandos emitidos às unidades supervisoras das instituições financeiras para que sejam bloqueadas as contas bancárias do devedor no País.

O art. 854 do CPC autoriza o juiz a, por via eletrônica, requisitar informações e determinar a indisponibilidade de ativos do executado, que estejam em depósito nas instituições financeiras do País, sem prévio conhecimento dele. Esse instrumento tem sido de grande eficácia na localização de valores do devedor. Como o dinheiro é o bem sobre o qual há prioridade de penhora, nos termos do art. 835, § 1º, do CPC, não há necessidade de que primeiro se tente a localização de outros bens. Basta que o devedor não pague no prazo de três dias a contar da citação para que a medida esteja autorizada.

Efetuado o bloqueio, o executado será intimado, na pessoa de seu advogado constituído ou pessoalmente.

Pode ocorrer que o bloqueio recaia sobre valores impenhoráveis, como vencimentos ou cadernetas de poupança de até 40 salários mínimos do devedor. Bastará que este o comprove no prazo de cinco dias para que o juízo determine a liberação, o que deve ser feito no prazo de 24 horas.

Caso o executado não se manifeste no prazo de cinco dias, ou caso suas alegações sejam rejeitadas, o bloqueio converter-se-á de pleno direito em penhora e o valor será transferido para conta vinculada ao juízo, onde ficará penhorado até o levantamento pelo credor, sem a necessidade de lavratura de termo.

As instituições financeiras responderão pelos prejuízos causados ao executado em decorrência da indisponibilidade de ativos financeiros em valor superior ao indicado na execução ou pelo juiz, bem como pelo não cancelamento da indisponibilidade no prazo de 24 horas, quando o juiz assim o determinar.

A penhora de quotas ou das ações de sociedades personificadas tem procedimento específico, instituído pelo art. 861 do CPC. Feita a penhora, o juiz assinará prazo razoável, não superior a três meses, para que a sociedade apresente balanço comercial, na forma da lei, ofereça as quotas ou ações aos demais sócios, observado o direito de preferência legal ou contratual, e, não havendo interesse dos sócios na aquisição das ações, proceda à liquidação das quotas ou das ações, depositando em juízo o valor apurado, em dinheiro.

Quando houver a penhora de empresas, outros estabelecimentos ou semoventes, deverá ser nomeado um administrador que, em dez dias, apresentará um plano de administração, sobre o qual as partes serão ouvidas, após o que o juiz decidirá. As partes, de comum acordo, poderão ajustar a forma de administração e escolher o depositário, o que o juiz homologará

Execução Civil

por despacho. No plano, o administrador deverá indicar a forma pela qual a empresa ou o estabelecimento será gerido e a forma de pagamento do exequente, devendo prestar contas de sua gestão.

A penhora de faturamento de empresa vem prevista no art. 866 do CPC. Não deve ser deferida em qualquer situação, mas apenas se o executado não tiver outros bens penhoráveis ou se, tendo-os, estes forem de difícil alienação ou insuficientes para saldar o débito do executado. A penhora recairá sobre um percentual do faturamento, que deverá ser fixado pelo juiz, de forma que propicie a satisfação do exequente em tempo razoável, sem comprometer o exercício da atividade empresarial. Para viabilizar a penhora, será nomeado um administrador-depositário, o qual deverá submeter à aprovação judicial a sua forma de atuação, prestando contas mensalmente e entregando em juízo as quantias recebidas, com os respectivos balancetes mensais.

Pode a penhora recair não sobre a coisa, mas sobre os frutos e rendimentos que ela produza. O juiz a deferirá quando considerar a forma mais eficiente para o recebimento do crédito e menos gravosa ao executado. Por exemplo, é possível ao juiz determinar não a penhora de um imóvel do executado, mas dos aluguéis que ele renda. A penhora de frutos e rendimentos exige a nomeação de um administrador-depositório, que ficará investido de todos os poderes que concernem à administração do bem e à fruição de seus frutos e utilidades, perdendo o executado o direito de gozo do bem, até a satisfação do exequente. Em se tratando de imóveis, é necessário promover a averbação no Oficial de Registro de Imóveis. Só então a penhora terá eficácia em relação a terceiros. Caso não se trate de bem imóvel, a eficácia em relação a terceiros dar-se-á a partir da publicação da decisão que conceda a medida. A nomeação do administrador-depositário pode recair sobre o exequente ou sobre o executado, ouvida a parte contrária, e, não havendo acordo, sobre profissional qualificado para o desempenho da função.

A penhora não poderá recair sobre certos bens ditos impenhoráveis pela lei. O art. 833 do CPC enumera os bens assim considerados pelo legislador. São eles: I – os bens inalienáveis e os declarados, por ato voluntário, não sujeitos à execução (os frutos e rendimentos desses bens poderão ser penhorados, à falta de outros bens); II – os móveis, pertences e utilidades domésticas, que guarnecem a residência do executado, salvo os de elevado valor ou que ultrapassem as necessidades comuns, correspondentes a um médio padrão de vida; III – os vestuários, bem como os pertences de uso pessoal do executado, salvo os de elevado valor; IV – os vencimentos, subsídios, soldos, os salários, as remunerações, os proventos de aposentadoria, as pensões, os pecúlios e os montepios, bem como as quantias recebidas por liberalidade de terceiro e destinadas ao sustento do devedor e de sua família, os ganhos do trabalhador autônomo e os honorários de profissional liberal, ressalvado o § 2º deste artigo; V – os livros, as máquinas, as ferramentas, os utensílios, os instrumentos ou outros bens móveis necessários ou úteis ao exercício da profissão do executado; VI – o seguro de vida; VII – os materiais necessários para obras em andamento, salvo se essas forem penhoradas; VIII – a pequena propriedade rural, assim definida em lei, desde que trabalhada pela família; IX – os recursos públicos recebidos por instituições privadas para aplicação compulsória em educação, saúde ou assistência social; X – a quantia depositada em caderneta de poupança, até o limite de 40 salários mínimos. Nesta última hipótese, tem prevalecido o entendimento de que, se houver várias cadernetas de poupança, o limite a ser considerado é o que resulta da soma de todas elas. Se houver várias cadernetas de poupança, cujo total ultrapasse 40 salários mínimos, essa quantia será considerada impenhorável, mas não o que a exceder, considerada a soma total dos valores depositados.

Mas a impenhorabilidade não é oponível à execução de dívida relativa ao próprio bem, inclusive àquela contraída para a sua aquisição. Não se pode, por exemplo, opor a eventual impenhorabilidade de um imóvel que sirva de residência de família ao pagamento de débitos condominiais relativos ao próprio imóvel. Além disso, a impenhorabilidade estabelecida nos incisos IV e X não prevalece sobre débitos alimentícios de qualquer origem (seja os que decorrem do direito de família, seja os provenientes de ato ilícito) nem sobre importâncias excedentes a 50 salários mínimos mensais (art. 833, § 2º).

A redação do dispositivo (art. 833, § 2º) é confusa. Na verdade, ele trata de duas hipóteses em que a impenhorabilidade não pode ser invocada: uma delas decorre da natureza da dívida e a outra do montante dos bens. Não será oponível a impenhorabilidade dos vencimentos e ganhos do devedor, seja qual for o seu valor, nem a das cadernetas de poupança até 40 salários mínimos, se a dívida for de natureza alimentar, qualquer que seja sua origem. Também não será oponível a impenhorabilidade dos ganhos naquilo que ultrapassar 50 salários mínimos mensais, **por qualquer dívida, não apenas as de natureza alimentar, já que essas permitem a penhora até mesmo de ganhos inferiores a 50 salários mínimos**. Se o credor recebe, mensalmente, valores que ultrapassam 50 salários mínimos, o excedente poderá ser penhorado, ainda que não se trate de dívida de alimentos. Tal como redigido o parágrafo, tem-se a impressão de que somente as dívidas alimentícias permitiriam a penhora do que exceder 50 salários mínimos. Contudo, não pode ser assim, já que esse tipo de dívida permite a penhora de vencimentos de qualquer valor, mesmo abaixo desse montante.

A *ratio* da nova regra relativa à penhorabilidade dos ganhos que ultrapassem o limite é que os 50 salários mínimos são suficientes para que o devedor mantenha o seu sustento e tenha uma vida digna. De observar-se, porém, que o limite estabelecido é bastante elevado e serão raros os casos em que o devedor tenha ganhos de tal monta.

O rol de bens impenhoráveis ganhou significativa ampliação com a Lei n. 8.009/90, que trata da **impenhorabilidade do bem de família**. Essa lei passou a considerar impenhorável o imóvel residencial da família ou entidade familiar, por dívidas de qualquer natureza, civil, comercial, fiscal ou previdenciária, salvo as exceções previstas no art. 3º da Lei.

A impenhorabilidade abrange "o imóvel sobre o qual se assentam a construção, as plantações, as benfeitorias de qualquer natureza e todos os equipamentos, inclusive os de uso profissional, ou móveis que guarnecem a casa, desde que quitados" (art. 1º, § 1º, da Lei n. 8.009/90), mas não a vaga de garagem que possua matrícula própria no registro de imóveis, que pode ser objeto de penhora autônoma, nos termos da Súmula 449 do Superior Tribunal de Justiça.

Ela decorre de lei e independe de qualquer providência da parte do devedor. Não se confunde com a situação decorrente do bem de família convencional, estabelecido por escritura pública ou testamento, na forma prevista no art. 1.711 do CC.

A impenhorabilidade dos móveis deve respeitar o disposto no art. 833, II, do CPC. Só não poderão ser penhorados os necessários a uma moradia digna. São penhoráveis os móveis de elevado valor ou que ultrapassem as necessidades comuns correspondentes a um médio padrão de vida.

Conquanto a lei mencione que a impenhorabilidade do bem de família deva proteger o imóvel que sirva de residência do casal ou da entidade familiar, o Superior Tribunal de Justiça tem alargado o seu conceito, como resulta da Súmula 364: "O conceito de impenhorabilidade do bem de família abrange também as pessoas solteiras, separadas ou viúvas".

Se o imóvel não pertencer ao executado, mas ele for o locatário, aplica-se o disposto no art. 2º, parágrafo único, da Lei: "No caso de imóvel locado, a impenhorabilidade aplica-se aos bens móveis quitados que guarneçam a residência e que sejam de propriedade do locatário, observado o disposto neste artigo".

Além dos móveis do locatário, será também impenhorável o próprio imóvel, por dívida do locador, quando se trate de único imóvel residencial, do qual ele aufira renda que sirva

Execução Civil

para sua subsistência ou para moradia de sua família. É o que estabelece a Súmula 486 do Superior Tribunal de Justiça. Portanto, se o imóvel está locado, serão impenhoráveis os móveis que guarnecem a residência, por dívidas do locatário; e será ainda impenhorável o próprio imóvel, por dívida do locador, se a renda obtida com a locação se prestar à subsistência dele ou à moradia de sua família.

Conquanto a impenhorabilidade beneficie o locador e o locatário, ela não impede a penhora de bens do fiador do contrato de locação, nos termos do art. 3º, VII, da Lei n. 8.009/90. A controvérsia ainda restante sobre o tema ficou afastada com a edição da Súmula 549 do STJ: "É válida a penhora de bem de família pertencente a fiador de contrato de locação".

Em qualquer caso, a impenhorabilidade cessa se o devedor oferece o bem à penhora, com o que terá renunciado ao benefício.

Se o devedor não é o proprietário do bem, mas sobre ele tiver direitos, como o compromissário comprador ou o devedor cujo bem tenha sido transferido por alienação fiduciária em garantia, não haverá propriamente impenhorabilidade, contudo a penhora não recairá sobre o bem, mas sobre os direitos que o devedor tem sobre ele.

A impenhorabilidade, por ser matéria de ordem pública, pode ser alegada nos embargos ou por simples petição, no próprio bojo da execução.

Nas hipóteses do art. 848, será possível às partes requerer a substituição da penhora.

Só será realizada uma segunda penhora se a primeira for anulada ou se o produto da primeira não for bastante para o pagamento do exequente, ou se ele desistir da primeira, por serem os bens litigiosos, ou já estarem submetidos à constrição judicial.

Se mais de uma penhora houver recaído sobre o mesmo bem, terá preferência o credor que tiver algum privilégio de direito material. Assim, os credores privilegiados terão preferência sobre os quirografários. Se todos os credores forem quirografários, a preferência será dada ao credor que tiver, em primeiro lugar, efetivado a penhora.

O bem pode ser levado a leilão judicial em qualquer das execuções nas quais tenha sido penhorado. Surgirá uma concorrência entre os vários credores para saber quem terá prioridade de levantamento do produto da alienação. O art. 908 do CPC trata do tema, conforme dispõe o *caput*: "Havendo pluralidade de credores ou exequentes, o dinheiro lhes será distribuído e entregue consoante a ordem das respectivas preferências". E o § 2º acrescenta: "Não havendo título legal à preferência, o dinheiro será distribuído entre os concorrentes, observada a anterioridade de cada penhora". Para que o juiz possa decidir, os exequentes formularão as suas pretensões, que versarão exclusivamente sobre o direito de preferência e a anterioridade da penhora.

A redação do art. 908 e seus parágrafos permite concluir que, feita a alienação do bem, os levantamentos deverão obedecer à seguinte ordem:

a) primeiro, haverá necessidade de verificar se há algum credor preferencial, como o trabalhista, o fiscal, com garantia real e o credor condominial. Se houver mais de um, será preciso verificar a ordem das prelações;

b) não havendo credores preferenciais, mas apenas quirografários, respeitar-se-á a prioridade das penhoras, tendo preferência aquele credor que promoveu a primeira penhora do bem, e assim sucessivamente. A prioridade é dada pela efetivação da penhora, e não pela sua averbação no Registro de Imóveis, nem pela anterioridade do ajuizamento da execução. Nem sempre terá prioridade de levantamento o credor que promoveu a execução na qual o leilão se realizou.

Em importante precedente, o Superior Tribunal de Justiça reconheceu que, em caso de pluralidade de credores, devem-se observar, primeiro, as preferências de direito material (ainda que o credor não tenha promovido a execução nem obtido a penhora do bem), para só então, em relação aos créditos não dotados de preferência de direito material, observarem-se as preferências dadas pela ordem de realização das penhoras:

"EMBARGOS DE DIVERGÊNCIA EM RECURSO ESPECIAL. EXECUÇÃO POR TÍTULO EXTRAJUDICIAL. HABILITAÇÃO DO CRÉDITO DA FAZENDA PÚBLICA ESTADUAL. CONCURSO SINGULAR DE CREDORES. EXISTÊNCIA DE ORDEM DE PENHORA INCIDENTE SOBRE O MESMO BEM NOS AUTOS DA EXECUÇÃO FISCAL. DESNECESSIDADE. 1. A distribuição do produto da expropriação do bem do devedor solvente deve respeitar a seguinte ordem de preferência: em primeiro lugar, a satisfação dos créditos cuja preferência funda-se no direito material. Na sequência – ou quando inexistente crédito privilegiado –, a satisfação dos créditos comuns (isto é, que não apresentam privilégio legal) deverá observar a anterioridade de cada penhora, ato constritivo considerado título de preferência fundado em direito processual. 2. Isso porque não se revela possível sobrepor uma preferência processual a uma preferência de direito material, porquanto incontroverso que o processo existe para que o direito material se concretize. Precedentes. 3. O privilégio do crédito tributário – assim como dos créditos oriundos da legislação trabalhista – encontra-se prevista no artigo 186 do CTN. À luz dessa norma, revela-se evidente que, também no concurso individual contra devedor solvente, é imperiosa a satisfação do crédito tributário líquido, certo e exigível – observada a preferência dos créditos decorrentes da legislação do trabalho e de acidente de trabalho e dos créditos com direito real de garantia no limite do bem gravado – independentemente de prévia execução e de penhora sobre o bem cujo produto da alienação se pretende arrecadar. 4. Nada obstante, para garantir o levantamento de valores derivados da expropriação do bem objeto de penhora nos autos de execução ajuizada por terceiro, o titular do crédito tributário terá que demonstrar o atendimento aos requisitos da certeza da liquidez e da exigibilidade da obrigação, o que reclamará a instauração de processo executivo próprio a fim de propiciar a quitação efetiva da dívida. 5. Por outro lado, a exigência de pluralidade de penhoras para o exercício do direito de preferência reduz, significativamente, a finalidade do instituto – que é garantir a solvência de créditos cuja relevância social sobeja aos demais –, equiparando-se o credor com privilégio legal aos outros desprovidos de tal atributo. 6. Assim, prevalece a exegese de que, independentemente da existência de ordem de penhora na execução fiscal, a Fazenda Pública poderá habilitar seu crédito privilegiado em autos de execução por título extrajudicial. Caso ainda não tenha sido ajuizado o executivo fiscal, garantir-se-á o exercício do direito da credora privilegiada mediante a reserva da totalidade (ou de parte) do produto da penhora levada a efeito em execução de terceiros. 7. Na hipótese, deve ser restabelecida a decisão estadual que autorizou a habilitação do crédito tributário (objeto de execução fiscal já aparelhada) nos autos da execução de título extrajudicial em que perfectibilizada a arrematação do bem do devedor. 8. Embargos de divergência do Estado de Santa Catarina providos a fim de negar provimento ao recurso especial da cooperativa de crédito" (EREsp 1.603.324/SC, rel. Min. Luis Felipe Salomão, Corte Especial, j. 21-9-2022, *DJe* 13-10-2022).

Ao realizar a penhora, o oficial de justiça deve desde logo proceder à avaliação do bem. Se, porém, ele verificar que não tem condições de fazê-lo, porque a avaliação exige conhecimentos técnicos especializados, fará uma informação ao juízo, que então poderá nomear um perito avaliador.

A hipótese deve ser excepcional, e, ao fazer a informação, o oficial de justiça deve justificar as razões para eximir-se. Mas haverá casos que, por sua natureza ou especificidades técnicas, exigirão conhecimento de um perito.

Execução Civil

Quando possível, a avaliação pelo oficial traz grandes vantagens em ganho de tempo e contenção de despesas.

Se houver designação de perito, os seus honorários serão antecipados pelo exequente, mas incluídos no cálculo do débito. Como não se trata propriamente de prova pericial, não é dado às partes formular quesitos ou indicar assistentes técnicos, uma vez que a finalidade única da diligência é avaliar o bem. O laudo deverá ser entregue no prazo de dez dias.

As partes poderão impugnar a avaliação, tanto do oficial de justiça quanto do perito, cabendo ao juiz decidir se acolhe ou não o laudo. Se necessário, serão solicitados esclarecimentos ao avaliador.

A avaliação só será dispensada se for aceito, por uma das partes, o valor estimado pela outra; quando se trate de títulos ou mercadorias, que tenham cotação em bolsa; tratar-se de títulos da dívida pública, de ações de sociedades e de títulos de crédito negociáveis em bolsa, cujo valor será o da cotação oficial do dia, comprovada por certidão ou publicação no órgão oficial; ou tratar-se de veículos automotores ou de outros bens cujo preço médio de mercado possa ser conhecido por meio de pesquisas realizadas por órgãos oficiais ou de anúncios de venda divulgados em meios de comunicação, caso em que caberá a quem fizer a nomeação o encargo de comprovar a cotação de mercado (art. 871 do CPC).

18.3.1. AVERBAÇÃO DA PENHORA

Se a penhora recair sobre imóvel, o exequente deve providenciar para que seja averbada no Cartório de Registro de Imóveis. É o que determina o art. 844 do CPC. Também deverá ser providenciada a averbação da penhora de veículos e outros bens, sujeitos a registro no órgão competente.

A averbação não é ato integrante da penhora, que se aperfeiçoa de maneira válida e eficaz, ainda que ela não seja feita. A finalidade da averbação é torná-la pública, com eficácia *erga omnes*.

Embora não seja condição de validade da penhora, cumpre ao credor precavido promovê-la para que ninguém possa alegar que a ignorava. A averbação gera presunção absoluta de conhecimento, por terceiros, da penhora.

A principal vantagem é que, se o bem for alienado pelo executado, os adquirentes – tanto o primeiro quanto os subsequentes – não poderão alegar boa-fé para afastar a fraude à execução. A Súmula 375 do STJ deixa claro que a alienação de bens após o registro da penhora será considerada em fraude à execução; se anterior, a fraude dependerá de prova de má-fé do devedor (fica ressalvada a utilização do art. 828, em que há a averbação das certidões da admissão da execução, a partir do qual estará configurada também a má-fé).

A averbação da penhora é feita pela apresentação de cópia do auto ou do termo ao Cartório de Registro de Imóveis ou por meio eletrônico (art. 837), não havendo necessidade de mandado judicial.

18.3.2. INTIMAÇÃO DA PENHORA

Formalizada a penhora, o executado será intimado. A intimação é necessária para que ele possa tomar ciência do bem que foi penhorado, podendo apontar eventuais equívocos, por ter havido, por exemplo, constrição de bem impenhorável.

A intimação será dirigida ao advogado do executado, ou à sociedade de advogados a que ele pertence, salvo se o executado não o tiver, caso em que deverá ser pessoal, de preferência por via postal. Caso a penhora tenha sido feita na presença do executado, a in-

SINOPSES JURÍDICAS

timação é dispensável. Reputar-se-á intimado o executado que tiver mudado de endereço sem prévia comunicação ao juízo.

Além do executado, deverão ser intimadas outras pessoas que não figuram como partes na execução:

a) O cônjuge, quando a penhora recair sobre bem imóvel ou direito real sobre bem imóvel (art. 842 do CPC). Mesmo que o bem penhorado pertença só a um dos cônjuges, o outro precisa ser intimado, ainda que não figure como parte na execução. Também se houver penhora de meação de um cônjuge em determinado imóvel, o outro deve ser intimado. É a mesma situação que ocorre com a outorga uxória para a alienação de bens imóveis ou para o ajuizamento de ações que versem sobre direito real em bens imóveis, necessárias mesmo que o imóvel pertença a um só dos cônjuges.

Dispensa-se a intimação do cônjuge se o imóvel pertence somente ao executado, e o regime de bens de casamento é o da separação absoluta de bens, isto é, aquele em que os cônjuges, por pacto antenupcial, optaram pela separação. Conquanto a lei se refira à intimação, tem prevalecido o entendimento de que se trata de verdadeira citação, uma vez que o cônjuge poderá ingressar na execução, valendo-se até mesmo de embargos à execução.

Ele poderá valer-se de embargos de terceiro quando quiser livrar da penhora bens de sua meação, comprovando que não tem responsabilidade pela dívida; ou de embargos à execução, quando quiser discutir o débito, e defender o patrimônio do executado.

b) O credor com garantia real (art. 799, I, do CPC). "Incumbe ainda ao exequente requerer a intimação do credor pignoratício, hipotecário, anticrético ou fiduciário, quando a penhora recair sobre bens gravados por penhor, hipoteca, anticrese ou alienação fiduciária". A exigência deve ser observada sob pena de ineficácia da alienação do bem, nos termos do art. 804 do CPC.

Sua função é assegurar o direito de preferência ao credor com garantia real sobre o produto da arrematação.

c) O titular de usufruto, uso ou habitação, quando a penhora recair sobre bem gravado por usufruto, uso ou habitação.

d) O promitente comprador, quando a penhora recair sobre bem em relação ao qual haja promessa de compra e venda registrada.

e) O promitente vendedor, quando a penhora recair sobre direito aquisitivo derivado de promessa de compra e venda registrada.

18.4. EXPROPRIAÇÃO

Quando não há o cumprimento voluntário da obrigação de pagar, o Estado, por mecanismos de sub-rogação, fará o pagamento do exequente, valendo-se dos mecanismos de expropriação. Por meio deles, bens do patrimônio do executado são dele tirados, seja para serem entregues ao exequente diretamente, em pagamento da dívida, seja para serem transformados em dinheiro, para pagamento do credor, seja ainda para que por meio dos frutos e rendimentos produzidos pela coisa, o exequente consiga obter a satisfação da obrigação.

A expropriação poderá ser feita de três maneiras: com a entrega do bem ao próprio exequente (ou a terceiro legitimado que depositará o valor correspondente em juízo), como pagamento total ou parcial do débito, numa espécie de dação compulsória em pagamento; com a alienação dos bens, que pode ser particular ou pública, para converter o bem em pecúnia, promovendo-se o pagamento do exequente; ou pela apropriação de frutos e rendimentos móvel ou imóvel.

Execução Civil

A forma preferencial de expropriação é a adjudicação. Somente se nenhum dos legitimados requerê-la é que poderá ser feita a alienação por iniciativa particular ou em leilão judicial. A por alienação particular, havendo interesse do exequente, prefere ao leilão. A razão para que a adjudicação tenha prioridade, havendo interesse dos legitimados a requerê-la, é que o bem é transferido ao exequente ou qualquer dos demais legitimados pelo preço de avaliação, e sem necessidade de outras despesas. A alienação particular surge como outra alternativa para, de maneira eficiente, alcançar fundos para a satisfação do crédito.

18.4.1. ADJUDICAÇÃO

A adjudicação é uma forma indireta de satisfação do crédito, que, quando deferida em favor do exequente, guarda semelhanças com a dação em pagamento, pois se realiza com a transferência da propriedade do bem penhorado a ele, para extinção de seu direito. Se houver interessados na adjudicação, ela preferirá às demais formas de expropriação.

Se a adjudicação for requerida pelo exequente, o valor de avaliação será abatido do débito, prosseguindo-se a execução pelo saldo remanescente. Se o valor do débito for menor do que o do bem, o exequente deverá depositar a diferença.

Mas a lei prevê outros legitimados a requerer a adjudicação, além do próprio exequente. São os indicados no art. 889, II a VIII, e os credores concorrentes que hajam penhorado o mesmo bem.

Também podem requerê-la o cônjuge, o companheiro, o descendente ou o ascendente do executado. Se mais de um legitimado se apresentar, será feita uma licitação entre eles. Aquele que oferecer maior valor terá preferência, caso em que o bem poderá alcançar valores superiores aos de avaliação.

Em caso de igualdade de oferta, terão preferência o cônjuge, o companheiro, os descendentes e os ascendentes do devedor.

Se a adjudicação for deferida aos demais legitimados, cumprir-lhes-á depositar integralmente o preço em juízo. Salvo se o for em favor de algum credor que tenha preferência, na forma do art. 908 do CPC, caso em que o preço servirá para abater o débito desse credor, e não daquele que promoveu a execução, onde a penhora foi realizada.

A adjudicação pode ter por objeto bem móvel ou imóvel. Ela deve ser feita pelo valor pelo qual o bem foi avaliado. Não deverá ser deferida adjudicação por valor inferior ao de avaliação. Se o exequente ou qualquer outro legitimado quiser tentar tornar-se proprietário do bem penhorado, pagando menos do que o valor de avaliação, deverá abrir mão da adjudicação e tentar arrematá-lo em leilão, quando se admite a alienação do bem por qualquer preço, desde que não seja vil.

O Código de Processo Civil não fixa prazo para que os legitimados requeiram a adjudicação do bem. Assim, desde que tenha sido completada a avaliação dos bens, e até que tenha havido a alienação, particular ou em leilão judicial, a adjudicação poderá ser requerida.

Deferida a adjudicação, será firmado o auto, quando se tratar de imóvel, ou mandado de entrega, quando o bem for móvel, expedindo-se, em seguida, a respectiva carta.

18.4.2. ALIENAÇÃO POR INICIATIVA PARTICULAR

Uma maneira eficiente de evitar as dificuldades e os percalços dos leilões judiciais, que exigem publicação de editais, e nos quais o bem raramente alcança valor próximo ao de mercado, é promover-lhe a alienação particular, autorizada pelo art. 880 do CPC. Para

SINOPSES JURÍDICAS

que ela possa ser realizada, é preciso que nenhum legitimado tenha se interessado na adjudicação do bem, que é sempre preferencial. A venda pode ser realizada por iniciativa do próprio exequente, ou por intermédio de corretores ou leiloeiro público credenciado perante o órgão judiciário. Se o exequente o desejar, a alienação particular terá prioridade sobre o leilão judicial.

Cumprirá ao juiz estabelecer as regras gerais para a venda da coisa: o prazo para alienação, a forma de publicidade, o preço mínimo, as condições de pagamento e as garantias, bem como, se for o caso, a comissão de corretagem. Ao estabelecer o preço mínimo, o juiz deve levar em consideração o valor de avaliação do bem. Embora a lei não o diga expressamente, o preço mínimo não poderá ser inferior ao valor da avaliação, mas a questão é controvertida, havendo aqueles que sustentam que, à míngua de exigência expressa, a venda poderá ser feita por qualquer preço, desde que não seja vil, devendo o juiz fixá-lo de antemão. Parece-nos temerária essa solução, diante de eventual urgência do exequente em receber o que lhe é devido e da dificuldade do juízo em estabelecer regras a respeito de preço mínimo.

Consumada a alienação, não é necessária a outorga de escritura pública. Basta que o negócio seja formalizado por termo nos autos, assinado pelo juiz, exequente e adquirente do bem, que não precisa estar representado por advogado. Exaradas as assinaturas, o negócio estará consumado, sendo então expedida carta de alienação do imóvel – quando de imóvel se tratar – para registro no Cartório de Registro de Imóveis. Quando o bem for móvel, será expedido mandado de entrega ao adquirente.

18.4.3. ALIENAÇÃO EM LEILÃO JUDICIAL

Se nenhum legitimado se interessar em adjudicar o bem, e o exequente não requerer a alienação por iniciativa particular, a execução prosseguirá com a realização de leilões judiciais, para a alienação judicial do bem.

O CPC/73 distinguia dois tipos de hasta pública: a praça, quando a expropriação envolvia bens imóveis; e o leilão, quando todos os bens eram móveis. A hasta pública foi substituída, no atual CPC, pelo leilão judicial, que abrangerá tanto bens imóveis quanto móveis. O leilão poderá ser de duas espécies: por meio eletrônico ou presencial. O que conta, nessa classificação, não é o tipo de bem leiloado, mas a forma pela qual o leilão é realizado.

O leilão realizado por meio eletrônico deverá observar a regulamentação específica do Conselho Nacional de Justiça, observadas as garantias processuais das partes, atendendo-se aos princípios da ampla publicidade, da autenticidade e da segurança, e com a observância das regras estabelecidas na legislação sobre a certificação judicial. A lei não prevê a realização do leilão eletrônico em duas datas, como ocorre com o presencial.

O leilão presencial acontecerá no local determinado pelo juiz, e serão designadas duas datas para a sua realização. Na primeira, os bens só poderão ser arrematados pelo preço de avaliação, enquanto na segunda, por qualquer preço, desde que não seja vil. Por isso, quase sempre, são arrematados em segundo leilão. O edital deverá indicar as duas datas em que ele se realizará. Também deverá indicar o valor de avaliação e o valor mínimo de venda, que deverá ser fixado pelo juiz. Nos termos do art. 891, será considerado vil o lance abaixo do valor mínimo fixado pelo juiz. Se o juiz não o fixar, será reputado como vil o inferior a 50% do valor de avaliação.

Além de fixar o valor mínimo, caberá ao juiz da execução designar o leiloeiro público, que poderá ser indicado pelo exequente, bem como estabelecer as condições de pagamento e as garantias que poderão ser prestadas pelo arrematante. Caberá ao leiloeiro público designado pelo juiz realizar o leilão onde se encontrem os bens ou onde o juiz determinar, sendo ele o incumbido de publicar o edital anunciando a alienação e de expor aos pretendentes os bens ou as amostras de mercadorias. Também cabe ao leiloeiro receber e depositar em juízo o produto da alienação, dentro de um dia, e prestar contas nos dois dias sub-

Execução Civil

89

sequentes ao depósito. Por seu trabalho, ele faz jus ao recebimento de uma comissão, na forma fixada em lei ou arbitrada pelo juiz.

O leilão, como visto, será precedido de edital, que deve conter todos os requisitos mencionados no art. 886 do CPC. A forma e o prazo de publicação do edital, a ser feita com antecedência mínima de cinco dias do leilão, devem respeitar as exigências do art. 887 do CPC: publicação na rede mundial de computadores ou, não sendo possível ou verificando o juiz as circunstâncias peculiares do caso, a afixação no local de costume e a publicação em jornal de ampla circulação. Se o exequente for beneficiário da justiça gratuita, a publicação em jornal será substituída por outra no *Diário Oficial* (art. 98, § 1º, III, do CPC).

Designadas as datas, serão necessárias algumas intimações: do executado, por seu advogado, ou, se não tiver procurador constituído nos autos, por carta, mandado, edital ou outro meio idôneo; do coproprietário do bem indivisível, para que possa exercer eventual direito de preferência na aquisição do bem; do titular de usufruto, uso, habitação, enfiteuse, direito de superfície, concessão de uso especial para fins de moradia ou concessão de direito real de uso, quando a penhora recair sobre bem gravado com tais direitos reais; do proprietário do terreno submetido ao regime de direito de superfície, enfiteuse, concessão de uso especial para fins de moradia ou concessão de direito real de uso, quando a penhora recair sobre tais direitos reais; do credor pignoratício, hipotecário, anticrético, fiduciário ou com penhora anteriormente averbada, quando a penhora recair sobre bens com tais gravames, caso não seja o credor, de qualquer modo, parte na execução; do promitente comprador, quando a penhora recair sobre bem em relação ao qual haja promessa de compra e venda registrada; do promitente vendedor, quando a penhora recair sobre direito aquisitivo derivado de promessa de compra e venda registrada; da União, do Estado e do Município, no caso de alienação do bem tombado.

O bem será vendido a quem mais oferecer. Qualquer interessado pode participar da licitação, seja pessoa física, seja jurídica, incluído o próprio exequente.

Há, no entanto, algumas exceções. A lei exclui da licitação algumas pessoas, seja em função do papel que desempenham no processo, seja em razão da relação que mantêm com o executado.

Não podem licitar: I – os tutores, os curadores, os testamenteiros, os administradores ou liquidantes, quanto aos bens confiados à sua guarda e responsabilidade; II – os mandatários, quanto aos bens de cuja administração ou alienação estejam encarregados; III – o juiz, o membro do Ministério Público e da Defensoria Pública, o escrivão, o chefe de secretaria e demais servidores e auxiliares da justiça, em relação aos bens e direitos objeto de alienação na localidade onde servirem ou a que se estender a sua autoridade; IV – os servidores públicos em geral, quanto aos bens ou aos direitos da pessoa jurídica a que servirem ou que estejam sob sua administração direta ou indireta; V – os leiloeiros e seus prepostos, quanto aos bens de cuja venda estejam encarregados; VI – os advogados de qualquer das partes.

Também não podem participar o arrematante e o fiador remisso, isto é, que não tenham feito o pagamento do lanço que fizeram (art. 897).

No segundo leilão presencial, o bem poderá ser vendido por qualquer preço que não seja vil. A lei não estabelece valor mínimo, cabendo ao juiz fixá-lo antes da realização do leilão, devendo ele constar do edital. Contudo, como visto, se o juiz não o fixar, será considerado vil o valor inferior a 50% da avaliação.

Se o bem penhorado for imóvel de incapaz, não havendo lanços que alcancem 80% do valor de avaliação, o juiz suspenderá o leilão por até um ano. Nesse ínterim, se algum interessado quiser a coisa para si, pedirá a realização de novo leilão, assegurando que oferecerá o valor de avaliação e apresentando caução idônea. Se o interessado se arrepender, pagará multa de 20% sobre o valor da avaliação.

SINOPSES JURÍDICAS

Quando a penhora recair sobre quota-parte em bem indivisível, o bem inteiro irá a leilão, e o equivalente à quota-parte do coproprietário ou cônjuge alheio à execução deverá recair sobre o produto da alienação do bem. Porém, nesse caso, não será levada a efeito expropriação por preço inferior ao de avaliação, para que o coproprietário ou cônjuge alheio à execução não sejam prejudicados com o recebimento de menos do que lhes era devido.

Arrematados os bens, será lavrado, de imediato, o respectivo auto (CPC, art. 901), que deverá ser firmado pelo juiz, pelo arrematante e pelo serventuário da justiça ou leiloeiro. Firmado o auto, a arrematação reputar-se-á perfeita e acabada, só podendo desfazer-se nas hipóteses do § 1º do art. 903 do CPC. A partir do aperfeiçoamento da arrematação, que ocorrerá com a assinatura do auto, passará a correr o prazo de dez dias para que se postule a sua invalidade, quando realizada por preço vil ou com outro vício; ou a sua ineficácia, se não observado o disposto no art. 804, ou ainda a sua resolução, se não for pago o preço ou prestada a caução.

Não sendo impugnada a arrematação no prazo, será expedida a respectiva carta. Ela será levada a registro pelo adquirente, no Cartório de Registro de Imóveis, quando o bem arrematado for imóvel. A partir da expedição da carta, a invalidação da arrematação só poderá ser postulada em ação própria, na qual o arrematante figurará como litisconsorte necessário.

O art. 903, § 5º, enumera situações excepcionais em que o arrematante pode desistir da arrematação, postulando a imediata restituição do depósito que tiver feito.

Com o registro da carta, haverá transferência da propriedade do bem ao arrematante. O depositário do bem deve entregar a coisa a ele. Se isso não ocorrer, não será necessário ao arrematante ajuizar ação autônoma de imissão de posse, ou de execução para entrega de coisa certa. O depositário não adquire posse do bem, mas mera detenção, por agir em relação de dependência para com o Estado, cumprindo as ordens e instruções dele emanadas (CC, art. 1.198). O arrematante deve solicitar ao juiz da execução que emita um mandado de imissão de posse contra o depositário judicial, no bojo da execução, sem necessidade de ajuizar ação autônoma.

No Código Civil de 1916, o arrematante do bem em hasta pública não podia reclamar por vícios redibitórios, que tornassem a coisa imprópria ao uso, ou lhe reduzissem o valor (art. 1.106). Esse dispositivo não foi repetido no Código Civil atual. Hoje, o adquirente de bem em leilão judicial tem ação redibitória e estimatória. O adquirente pode sofrer evicção, se for privado da coisa, em virtude de sentença judicial ou ato administrativo, que a atribua a terceiro. Nesse caso, o arrematante pode exigir do executado que o indenize pela perda sofrida e, se o executado for insolvente, pode o arrematante voltar-se contra o exequente, que se beneficiou com o produto da alienação.

Do contrário, o executado estaria tendo um enriquecimento sem causa, por ter a sua dívida quitada com o produto da alienação de um bem que não lhe pertencia.

18.4.4. DA APROPRIAÇÃO DE FRUTOS E RENDIMENTOS DE IMÓVEL OU MÓVEL

Outra forma de expropriação – além da adjudicação e da arrematação – é a apropriação de frutos e rendimentos de bens móveis ou imóveis, regulamentada nos arts. 867 a 869 do CPC.

Deferida a penhora sobre eles, o juiz nomeará um administrador, com poderes para gerir a coisa. A ele será dada a posse direta do bem, cabendo-lhe fazer com que produza frutos e rendimentos que serão utilizados para pagar o credor.

O devedor ficará com a posse indireta do bem e manterá a propriedade, que poderá até ser alienada. Aquele que o adquirir saberá da existência do gravame, que persistirá até que o credor seja pago. Daí a necessidade de averbação da penhora no Cartório de Registro de Imóveis.

Execução Civil

91

Quadro sinótico – Execução por quantia certa fundada em título executivo extrajudicial

Citação	A citação poderá ser feita por qualquer forma, inclusive por carta. A Súmula 196 do STJ autoriza a citação com hora certa. O executado será citado para pagar em três dias. Indicação de bens à penhora: cabe ao exequente (na petição inicial). – Caso não o faça, o oficial de justiça poderá penhorar livremente os bens do executado que encontrar, observada a ordem do art. 835 do CPC. – O juiz poderá determinar que o executado indique quais são e onde estão os bens penhoráveis, sob pena de ato atentatório à dignidade da justiça, sujeito às penas do art. 774, parágrafo único, do CPC. Mandado único de citação e penhora: expedido em duas vias: – 1ª via: Efetivada a citação, será juntada aos autos, e, a partir de então, fluirá o prazo de 15 dias para a oposição de embargos, independentemente de prévia penhora. – 2ª via: Ficará em poder do oficial de justiça. Transcorrido o prazo de três dias, a contar da efetiva citação do executado, sem que tenha havido pagamento, o oficial efetuará a penhora dos bens indicados pelo exequente ou, se este não os indicar, dos bens que localizar, o que forem apontados pelo próprio executado. – Executado não encontrado, mas encontrados os seus bens: o oficial de justiça arrestará os bens dele, necessários à garantia do juízo. A guarda dos bens arrestados permanecerá com um depositário. – Feito o arresto, o oficial de justiça deve, nos dez dias seguintes, procurar o executado por duas vezes, em dias distintos. Se o localizar, deverá citá-lo, convertendo-se o arresto em penhora. Se não, certificará o ocorrido, incumbindo ao exequente requerer a citação por edital, se não for caso de citação com hora certa. – Findo o prazo do edital, o devedor terá prazo de três dias para pagar. Se não o fizer, o arresto converter-se-á automaticamente em penhora. – Citado o executado por edital ou por hora certa, será nomeado em favor dele curador especial, o qual apenas oporá embargos se tiver elementos para fazê-lo, uma vez que são inadmissíveis embargos por negativa geral.
Penhora	– Função: individualizar bens que serão expropriados para pagar o exequente. Os bens serão apreendidos e deixados sob a guarda de um depositário. Enquanto não se nomear depositário, a penhora não terá se aperfeiçoado. – Serão penhorados quantos bens do executado bastem para a garantia do juízo. – Os bens penhorados devem suprir o pagamento da dívida principal corrigida, juros, custas e honorários advocatícios. – O art. 835 do CPC estabelece a ordem, contudo é possível invertê-la, quando se verificar que atende melhor à satisfação do crédito, sem onerar em demasia o executado. – É possível que o juiz conceda ao oficial de justiça ordem de arrombamento, bem como auxílio de força policial. – Imóveis: deverá ser averbada no Cartório de Registro de Imóveis para que tenha eficácia contra terceiros. Mas, independentemente disso, a penhora já será válida. Será feita por termo nos autos (desde que comprovada a propriedade do devedor por certidão registrária), sendo desnecessária a expedição de mandado ou precatória. – Penhora *on-line*: art. 854 do CPC, realizada por meio eletrônico, em especial de numerário depositado em instituição financeira. – Bens impenhoráveis: os enumerados no art. 833 do CPC. – Lei n. 8.009/90 cuidou dos bens de família (tanto móveis quanto imóveis). – Bens gravados com cláusula de inalienabilidade, salvo em razão de dívidas provenientes de impostos relativos aos respectivos imóveis.

Penhora	– Penhora no rosto dos autos: recai sobre direito do executado que é objeto de ação em curso, ou sobre cota de herança que o devedor faça jus, mas que ainda é objeto de inventário. O credor possui três opções, alternativas: 1ª: aguardar o desfecho do litígio, que, julgado em favor do executado, implicará a efetivação da penhora sobre os bens que forem atribuídos a este; 2ª: tentar alienar o direito litigioso; 3ª: sub-rogar-se no direito do devedor, tornando-se titular do direito litigioso, caso em que poderá requerer o seu ingresso em juízo, substituindo o devedor. – Substituição da penhora: art. 848 do CPC. – Segunda penhora: apenas será realizada se a primeira for anulada ou se o produto da primeira não for bastante para o pagamento do exequente, ou se ele desistir da primeira, por serem os bens litigiosos, ou já estarem submetidos à constrição judicial. – Mais de uma penhora sobre o mesmo bem: terá preferência o credor que tiver algum privilégio de direito material. Se todos os credores forem quirografários, o que realizou a primeira penhora.
Avaliação	– Regra: atribuída ao oficial de justiça, tanto em cumprimento de sentença quanto em execução por título extrajudicial. – Exceção: caso seja exigido conhecimento específico, o juiz nomeará um perito, que apresentará o laudo em até dez dias. – Dispensa: nas hipóteses previstas no art. 871 do CPC.

Intimação e penhora

Desvinculação entre a prévia penhora e a oposição de embargos. A intimação é feita ao advogado do executado, a menos que não haja advogado constituído nos autos, caso em que será feita pessoalmente ao executado, de preferência pela via postal.

O prazo de embargos é de 15 dias contado da juntada aos autos do aviso de recebimento da carta de citação ou do mandado de citação cumprido.

A intimação serve para dar ciência ao executado de que a penhora e a avaliação foram feitas, para que ele possa requerer eventual substituição, ou apontar eventual irregularidade.

Expropriação

Adjudicação de bens pelo exequente ou por qualquer dos demais legitimados.

Dá-se prioridade à adjudicação. Não havendo interessados, é possível que o bem seja alienado por iniciativa particular e, em último caso, em leilão judicial.

– Adjudicação: arts. 877 e s.
– Alienação por iniciativa particular: art. 880.
– Leilão judicial: arts. 881 e s.
– Usufruto de imóvel ou móvel: arts. 867 e s.

19 EXECUÇÃO CONTRA A FAZENDA PÚBLICA

O art. 910 do CPC trata da execução por título extrajudicial contra a Fazenda Pública, dispondo que ela será citada para opor embargos no prazo de 30 dias, podendo, nos embargos, alegar qualquer defesa que lhe seria lícita apresentar no processo de conhecimento. Não há nenhuma peculiaridade no que concerne ao processamento dos embargos. Quanto ao pro-

Execução Civil

cesso da execução, devem ser aplicadas as mesmas regras relativas ao cumprimento de sentença contra a Fazenda Pública, já examinado em capítulo próprio (item 16, *supra*), com a ressalva de que a defesa deverá ser apresentada por meio de embargos, e não por impugnação.

20 EXECUÇÃO DE PRESTAÇÃO ALIMENTÍCIA

Também a execução especial de alimentos poderá estar fundada em título extrajudicial, caso em que o devedor será citado para, em três dias, efetuar o pagamento das parcelas anteriores ao início da execução e das que se vencerem no seu curso, provar que o fez ou justificar a impossibilidade de fazê-lo. Aplicam-se à execução de alimentos por título extrajudicial as mesmas regras do cumprimento de sentença, que foram examinadas em capítulo próprio (item 17, *supra*), com a ressalva de que a defesa deverá ser veiculada por embargos, e não por impugnação.

21 DEFESA DO DEVEDOR EM JUÍZO NA EXECUÇÃO POR TÍTULO EXTRAJUDICIAL

De maneira geral, pode-se dizer que a defesa do executado é veiculada por ele, em regra, fora do processo de execução, na ação incidente de embargos à execução.

Como a execução é sempre fundada em título executivo, o devedor pode optar por ajuizar ação autônoma que tenha por objeto a declaração de inexigibilidade ou a anulação do título.

Em determinadas situações, poderá o devedor defender-se no bojo da execução, sem que seja necessário opor ação incidente de embargos ou ação autônoma para desconstituir ou declarar a inexigibilidade do título executivo.

21.1. OBJEÇÕES E EXCEÇÕES DE PRÉ-EXECUTIVIDADE

Com a edição da Lei n. 11.382/2006, e, posteriormente, com a entrada em vigor do CPC/2015, ficou muito restrita a admissibilidade de objeções e exceções de pré-executividade nas execuções fundadas em título extrajudicial. É que a principal razão desses incidentes é permitir ao executado defender-se sem passar pelo constrangimento de ver seus bens penhorados. Na medida em que, pela nova sistemática, a oposição de embargos não está mais condicionada à prévia penhora, não se admitem mais tais incidentes.

No entanto, vislumbra-se ao menos uma hipótese em que o executado poderá valer-se deles: quando o prazo de embargos tiver sido superado, e houver matéria de defesa a ser alegada, que não esteja sujeita à preclusão.

Imagine-se que o devedor perca o prazo para embargar, mas que haja matéria de ordem pública a ser alegada, não sujeita a preclusão, e que o juiz, conquanto devesse reconhecer de ofício, não examina. O devedor pode valer-se da objeção de pré-executividade para apresentar a defesa. Ou, imagine-se que a penhora só se efetive depois que os embargos estejam julgados, e recaia sobre bem impenhorável. O devedor poderá alegar, no próprio bojo da execução, sem necessidade de embargos, por simples petição, a impenhorabilidade do bem.

Afora essas hipóteses, não se vislumbra mais a possibilidade de objeções e exceções de pré-executividade, na execução por título extrajudicial.

21.2. AÇÕES DE CONHECIMENTO AUTÔNOMAS

O executado pode ajuizar ação de conhecimento, buscando discutir o débito constante do título. São comuns as ações declaratórias de inexigibilidade da obrigação, ou de anulação do título e da relação cambial. As ações autônomas não inibem a propositura, nem suspendem, em princípio, o curso das execuções, aforadas pelo credor, nos termos do art. 784, § 1º, do CPC. Afinal, nem mesmo os embargos, como regra, têm efeito suspensivo.

Mas há exceções. Pode ser que o devedor tenha ajuizado a ação autônoma antes da execução, ou no prazo que teria para embargar. Não seria razoável exigir que ele tivesse de embargar para postular a concessão de efeito suspensivo, se as questões que suscitaria nos embargos já foram suscitadas na ação autônoma. Bastará a ele, comunicando a existência de tal ação ao juízo, postular a suspensão da execução. Mas, para que o juiz o conceda, é indispensável que estejam presentes as mesmas circunstâncias que autorizariam o deferimento do efeito suspensivo nos embargos, enumeradas no art. 919, § 1º, do CPC. O juiz jamais concederá o efeito suspensivo se a ação autônoma for ajuizada depois do prazo que o devedor teria para embargar.

O fato de o devedor ter optado por não opor embargos, ou ter perdido o prazo para fazê-lo, não o impede de ajuizar ação autônoma. Nem se alegue que a não oposição dos embargos tornou preclusa a possibilidade de discutir a dívida, porque a preclusão é fenômeno intraprocessual, que não estende seus efeitos a ações autônomas.

Opostos os embargos pelo executado, será possível, ainda, o ajuizamento de ação autônoma, desde que com embasamento diverso daquele em que os embargos estavam fundados. Se os embargos e a ação declaratória tiverem o mesmo fundamento, e ficar configurada a tríplice identidade, haverá a coisa julgada ou litispendência, com todas as consequências daí decorrentes. Assim, se o executado embargou alegando que a dívida é indevida porque a assinatura constante do título é falsa, e os embargos foram julgados improcedentes, não será cabível o ajuizamento de ação autônoma com o mesmo fundamento. Afinal, não se pode olvidar que os embargos têm natureza cognitiva, e a sentença de mérito que for proferida reveste-se da autoridade da coisa julgada material.

O mesmo ocorrerá se o executado, antes do início da execução, aforou ação autônoma de inexigibilidade do título por falsidade de assinatura. Julgada improcedente a ação autônoma, com trânsito em julgado, a questão não poderá ser rediscutida nos embargos, sob pena de ofensa ao efeito preclusivo da coisa julgada.

Portanto, é possível conviverem os embargos e a ação autônoma de conhecimento, desde que respeitadas as regras da coisa julgada e da litispendência. Se o objeto da ação autônoma é desconstituir o título que embasa a execução, ou declarar a inexigibilidade do débito que está sendo cobrado, deverá ser feita a reunião por conexão (art. 55, § 2º, I, do CPC), entre ela e os embargos ou a execução em curso.

21.3. EMBARGOS À EXECUÇÃO

21.3.1. INTRODUÇÃO

Os embargos são uma ação de conhecimento, incidente ao processo de execução, em que o executado terá oportunidade de apresentar ao juiz as defesas que tiver, produzindo as provas que forem necessárias.

Não são os embargos mero incidente do processo de execução, mas ação autônoma, de caráter incidente, em que o executado veicula sua pretensão de resistir à execução. Os atos processuais realizados nos embargos não têm caráter executivo. Nos embargos não se praticam atos de modificação da realidade empírica, nem aqueles que resultam no deslocamento de pessoas ou coisas, mas atos que, encadeados, buscam a obtenção de um provimento jurisdicional de mérito.

A peculiaridade dos embargos está em que ação autônoma eles veiculam a defesa do executado, e são sempre opostos incidentemente no processo de execução.

A ação de conhecimento de embargos à execução não se confunde com a ação de execução; o processo dos embargos é distinto do processo de execução; e os procedimen-

Execução Civil

95

tos são também diversos. Há, no entanto, entre execução e embargos um vínculo decorrente do fato de estes serem propostos incidentemente, veiculando a defesa do devedor.

Todos os princípios, peculiaridades e características próprios do processo de conhecimento são aplicáveis aos embargos. Assim, se o contraditório no processo de execução é mais restrito e limitado, nos embargos ele é pleno; se não há fase instrutória na execução, nos embargos são admitidas todas as provas cuja produção seja lícita; se a execução se encerra com uma sentença apenas terminativa, que não se reveste da autoridade da coisa julgada material, os embargos visam à obtenção de uma sentença de mérito que se revestirá da autoridade da coisa julgada material.

21.3.2. COMPETÊNCIA

Os embargos devem ser ajuizados onde corre o processo de execução. Trata-se de hipótese de competência funcional, de caráter absoluto. Os embargos são distribuídos por dependência, e autuados não em apenso, mas em apartado, instruídos com cópias das peças processuais relevantes à execução, que poderão ser autenticadas pelo próprio advogado do embargante, sob responsabilidade pessoal (CPC, art. 914, § 1º).

Quando a penhora for feita por carta, o conteúdo dos embargos irá determinar se o juízo competente é o deprecante ou o deprecado. Dispõe o art. 914, § 2º, do CPC que, na execução por carta, os embargos podem ser opostos tanto no juízo deprecante como no deprecado, mas o julgamento competirá ao juízo deprecante, salvo se versarem unicamente sobre vícios ou defeitos da penhora, da avaliação ou da alienação de bens, efetuadas no juízo deprecado. Portanto, os embargos à execução só poderão ser julgados no juízo deprecado se versarem apenas vícios e defeitos dos atos por este realizados. O juízo deprecado só tem competência para apreciar embargos que contenham defesas de cunho processual e que versem especificamente sobre os atos processuais cuja realização esteja a seu cargo.

Se o executado quiser impugnar ato praticado no juízo deprecado, e, além disso, defender-se, discutindo o débito, será inevitável a oposição de dois embargos, que poderão ser apresentados, indistintamente, no juízo deprecante ou no deprecado, mas que terão de ser julgados em locais distintos. Assim, os embargos de conteúdo processual serão julgados pelo juízo deprecado, e os que versarem sobre o débito ou sobre matéria afeta ao juízo da execução, no juízo deprecante.

O art. 914, § 2º, estabelece que os embargos podem ser apresentados tanto no juízo deprecante como no deprecado. Significa que eles poderão ser opostos no juízo incompetente, que, *incontinenti*, determinará a remessa ao competente.

21.3.3. PRAZO PARA A OPOSIÇÃO

Os embargos serão opostos no prazo de 15 dias. O prazo conta-se, na execução por quantia, da juntada aos autos do aviso de recebimento ou do mandado de citação do executado, **observado o disposto no art. 231 do CPC**. Caso se trate de execução por carta, o prazo para embargos, que permanece de 15 dias, será contado na forma do art. 915, § 2º.

O *dies a quo* do prazo é o mesmo, tenha a execução por objeto obrigação por quantia, de entrega de coisa, ou de fazer ou não fazer.

A contagem do prazo, na execução por quantia, independe de qualquer garantia prévia do juízo. O CPC atual estabelece, no art. 914, *caput*: "O executado, independentemente de penhora, depósito ou caução, poderá se opor à execução por meio dos embargos".

Portanto, ainda que o devedor não tenha bens, ou eles não sejam localizados, o prazo de embargos fluirá do momento em que houver a citação, observadas as regras sobre o início do prazo, estabelecidas no art. 231 do CPC. Mesmo que a execução não possa seguir adiante, até a fase de expropriação, sem bens, os embargos serão recebidos, processados e julgados. Com isso, se mais tarde forem localizados e penhorados os bens, eles já poderão estar decididos, passando-se à fase de expropriação.

Pode ser que a penhora e a avaliação dos bens ocorram somente depois que os embargos já tiverem sido julgados. **Isso não impedirá que o devedor alegue vícios de uma e outra**, por simples petição, no prazo de 15 dias, como determina o art. 917, § 1º, do CPC.

Há muita controvérsia quanto à natureza jurídica do prazo dos embargos. É certo, porém, que ele tem todas as características de um prazo preclusivo, embora preclusão consista na perda, por inércia, de uma faculdade processual, e a oposição de embargos não seja uma faculdade processual, mas o ajuizamento de uma nova ação. O prazo tem natureza processual, e a contagem só inclui os dias úteis.

Não se aplica ao prazo de embargos o art. 229 do CPC. Assim, o prazo de 15 dias não se modifica se os executados têm procuradores distintos, de escritórios diferentes, ainda que o processo não seja eletrônico. Afinal, os embargos são uma ação autônoma, de natureza cognitiva, que não se confundem com a execução.

Quando houver mais de um executado, sendo eles citados em ocasiões diferentes, o prazo de embargos para cada um correrá de forma autônoma e independente, salvo tratando-se de cônjuges ou companheiros, caso em que o prazo correrá a partir da juntada do último comprovante de citação (CPC, art. 915, § 1º). Não se aplica, assim, ao prazo de embargos, a norma do art. 231, § 1º, III, do CPC, que dispõe que, no processo de conhecimento, o prazo de contestação inicia-se apenas quando encerrado o ciclo citatório. No processo de execução, os prazos para embargos são autônomos e correm à medida que cada qual dos executados é citado, ressalvada a hipótese do cônjuge ou companheiro.

O art. 916 do CPC contém importante regra, destinada a facilitar o pagamento, pelo executado. Trata-se de uma espécie de moratória concedida a ele: no prazo dos embargos, se ele reconhecer o débito, pode, depositando 30% do valor da execução, incluindo custas e honorários advocatícios, postular o pagamento do saldo em até seis parcelas mensais, acrescidas de correção monetária e juros de 1% ao mês. Deferido o pedido do executado, os atos executivos ficarão suspensos, até que o pagamento se complete, ficando autorizado ao exequente o imediato levantamento dos valores depositados. Caso não haja o pagamento, as parcelas restantes vencerão antecipadamente, e a execução prosseguirá, acrescida de multa de 10% sobre o saldo restante, vedada a oposição de embargos.

A finalidade do dispositivo é facilitar a satisfação do débito, sem trazer prejuízos ao credor, que recebe de imediato uma parcela considerável, ficando o restante para os meses subsequentes. Para tanto, é preciso que o requerimento seja formulado no prazo dos embargos, isto é, nos 15 dias que sucedem a juntada aos autos do aviso de recebimento ou do mandado de citação cumprido. Será preciso ouvir o exequente a respeito do pedido, mas, se estiverem preenchidos os requisitos, o juiz terá de deferi-lo. Não há, pois, discricionariedade judicial. Trata-se, portanto, de uma moratória compulsória, contra a qual o credor não pode se opor. Ele será ouvido, mas apenas sobre o preenchimento dos requisitos, no prazo de cinco dias.

Nada obsta que, a qualquer momento no curso do processo, o exequente conceda outras moratórias, permitindo o parcelamento em quantas vezes quiser, e que dispense o depósito prévio.

Por isso, ainda que o executado formule o pedido de pagamento parcelado fora do prazo, ou sem depositar os 30%, o juiz, antes de indeferi-lo, deve primeiro ouvir o exequente, pois pode ser que ele concorde.

21.3.4. O OBJETO DOS EMBARGOS

Não se pode olvidar que os embargos têm natureza de processo de conhecimento.

Cândido Dinamarco, citado por Kazuo Watanabe (*Da cognição no processo civil*, Revista dos Tribunais, p. 51), ensina que a cognição do juiz, no processo de conhecimento, tem por

Execução Civil

objeto um trinômio de questões, que incluem a regularidade do processo (questões processuais), as condições da ação e, finalmente, as questões de mérito.

A cognição pode ser estudada em dois planos: o horizontal e o vertical. A cognição no plano horizontal diz respeito aos limites objetivos do que é submetido à apreciação do juiz. A cognição no plano horizontal pode ser plena ou parcial. Plena, quando não houver limites à extensão do objeto de debate entre as partes, levado ao conhecimento do juiz; parcial, quando o objeto da discussão no processo for restrito e obedecer a determinadas limitações.

Assim, do ponto de vista horizontal, a cognição do juiz nos embargos opostos à execução por título extrajudicial é plena porque o art. 917, VI, do CPC permite que sejam deduzidas quaisquer matérias de interesse do executado. Não há limitação ao objeto dos embargos. É diferente do que ocorre com o cumprimento de sentença em que a cognição, no plano horizontal, será parcial, por força do disposto no art. 525, § 1º, do CPC.

Do ponto de vista da profundidade da cognição (plano vertical), tanto na impugnação apresentada no cumprimento de sentença como nos embargos, a cognição é exauriente, o que significa que não há limite à profundidade do juiz na apreciação do alegado. Portanto, o convencimento do juiz poderá ser buscado por todos os meios admitidos em direito, sem restrições.

Em síntese, na impugnação envolvendo título judicial, a cognição é parcial e exauriente, o que significa que há limites quanto às matérias alegáveis, mas não quanto à profundidade do juiz, no conhecimento daquilo que possa ser alegado. Nos embargos à execução, a cognição será plena e exauriente, não havendo limites no objeto e na profundidade da cognição.

Os embargos à execução são uma ação e um processo autônomo. Assim, o juiz deve apreciar, inicialmente, se estão preenchidos os pressupostos processuais e as condições da ação, dos embargos.

Para que se possa obter uma sentença de mérito, no processo de conhecimento, é necessário que estejam preenchidos os pressupostos processuais e as condições da ação. Como os embargos são um processo autônomo, eles têm pressupostos processuais próprios, que deverão estar atendidos para que o processo chegue a bom termo, com sentença de mérito. Também deverão estar preenchidas as condições da ação. Se os pressupostos processuais e as condições da ação dos embargos à execução não estiverem preenchidos, o juiz deverá extingui-los, sem apreciar-lhes o mérito.

Além das questões processuais e condições da ação, dos embargos, podem ser submetidas à apreciação do juiz, quando do julgamento dos embargos, questões processuais e condições da ação, do processo e da ação executiva.

É possível suscitar nos embargos questões processuais da execução, como a impenhorabilidade de bens, ou vício de citação ou da penhora. Ou, ainda, a falta de condições da ação executiva, como a ilegitimidade do exequente ou do executado, ou a falta de título executivo. A peculiaridade dos embargos é que as questões processuais e as condições da ação executiva constituem matéria de mérito nos embargos.

Imagine-se, como exemplo, que seja ajuizada uma execução contra uma pessoa jurídica, contra a qual foi sacada uma duplicata. Se um dos sócios opuser embargos à execução, e o juiz entender que ele não poderia fazê-lo, será proferida uma sentença de extinção dos embargos, sem resolução de mérito, por ilegitimidade de parte. A execução prosseguirá contra a pessoa jurídica que, esta sim, poderá opor os embargos. Faltava uma das condições da ação de embargos.

Caso, porém, fosse proposta uma execução contra a pessoa jurídica, e esta opusesse embargos, alegando ser parte ilegítima na execução, porque a duplicata fora sacada contra outra empresa, e não contra ela, outro seria o desfecho. Aqui, a pessoa jurídica estaria legitimada a opor embargos, já que ela figuraria como executada. Porém, faltaria ao exe-

SINOPSES JURÍDICAS

cutado legitimidade para ser demandado na ação executiva. Faltaria legitimidade passiva na execução, mas não careceria a executada de legitimidade ativa para os embargos.

Nessa hipótese, se o juiz acolhesse o alegado pela executada, ele julgaria procedentes os embargos, proferindo uma sentença de mérito, e, como consequência inexorável, extinguindo a execução.

Portanto, as questões processuais e condições da execução constituem matéria de mérito, quando invocadas nos embargos.

Além das questões processuais e condições da ação, o executado poderá, nos embargos, discutir o débito, que é objeto da pretensão do exequente.

Ao julgar os embargos, portanto, o juiz pode ter de enfrentar três espécies de questões: as que versarem pressupostos processuais e condições da ação, dos próprios embargos à execução, e que terão relevância para que seja ou não proferida uma sentença de mérito nos embargos; questões processuais e condições da ação, do processo e da ação executiva; e questões que versem sobre o débito em si, que é objeto da pretensão do exequente. Nessas duas últimas situações, a sentença proferida nos embargos será uma sentença de mérito.

O art. 917 explicita algumas matérias que podem ser alegadas pelo devedor nos embargos. Nos quatro primeiros incisos indica algumas matérias específicas, mas no inciso VI evidencia o caráter meramente exemplificativo do rol, ao permitir a alegação de qualquer matéria que seria lícito deduzir como defesa no processo de conhecimento. Entre as matérias explicitamente indicadas estão: **a)** a inexequibilidade do título executivo ou a inexigibilidade da obrigação. Sem título não há execução, e parece-nos que, mesmo ultrapassado o prazo de embargos, o devedor poderá, em objeção de pré-executividade, alegar a matéria; **b)** penhora incorreta ou avaliação errônea. A impenhorabilidade do bem pode ser alegada mesmo fora dos embargos, por simples petição, o que é de grande relevância porque será possível que, no momento da oposição dos embargos, a penhora e a avaliação não tenham sido realizadas. Se forem posteriores, eventual vício deverá ser alegado na própria execução, por petição, que se restringirá ao tema; **c)** excesso de execução, ou cumulação indevida de execuções. Caso a defesa esteja fundada em excesso de execução, o recebimento dos embargos ficará condicionado a que o embargante indique o valor que entende devido, apresentando demonstrativo discriminado e atualizado de seu cálculo (CPC, art. 917, § 3º); **d)** retenção por benfeitorias necessárias e úteis, nas execuções para entrega de coisa; **e)** incompetência absoluta ou relativa do juízo da execução; **f)** além dessas, o devedor poderá alegar qualquer outra defesa que tenha em seu favor.

21.3.5. RECEBIMENTO DOS EMBARGOS E EFEITO SUSPENSIVO

Os incisos do art. 918 do CPC enumeram as situações em que os embargos serão rejeitados liminarmente. A rejeição liminar ocorrerá quando eles forem intempestivos, nos casos de indeferimento da petição inicial e de improcedência liminar do pedido, ou ainda quando manifestamente protelatórios.

A petição inicial dos embargos deve obedecer aos requisitos do art. 319 do CPC, indicando, inclusive, o valor da causa, já que os embargos são ação autônoma. Atualmente, no Estado de São Paulo, há necessidade do recolhimento das custas iniciais, que pode ser diferido quando comprovada, por meio idôneo, a momentânea impossibilidade financeira do embargante (art. 5º, IV, da Lei Estadual n. 11.608, de 29 de dezembro de 2003). Se a petição inicial contiver vício sanável, o juiz deverá determinar a emenda no prazo de 15 dias.

O recebimento dos embargos não implicará, como regra, suspensão do processo de execução. A lei processual, no intuito de tornar mais efetivo o processo de execução, afastou a

Execução Civil

eficácia suspensiva dos embargos, tornando-a excepcional. Tal como na impugnação ao cumprimento de sentença, os embargos não mais suspenderão a execução *ope legis*, mas apenas *ope judicis*.

O legislador estabeleceu, como regra, a ausência de efeito suspensivo. Mas, preocupado com hipóteses em que o prosseguimento da execução possa causar prejuízos irreparáveis ao devedor, autorizou o juiz a concedê-lo excepcionalmente.

Os requisitos para a concessão de efeito suspensivo são análogos àqueles exigidos na impugnação ao cumprimento de sentença: **a)** que haja requerimento do embargante, não podendo o juiz concedê-lo de ofício; **b)** que estejam presentes os requisitos para a concessão de tutela provisória; **c)** que a execução já esteja garantida por penhora, depósito ou caução suficientes. O requisito "c" só pode ser compreendido quando se lembra que, para opor embargos, não é mais necessário ter bens penhorados. Mas, para que a eles seja dado efeito suspensivo, a prévia garantia do juízo – pela penhora, depósito ou caução – é indispensável. Nem poderia ser diferente: se não houve ainda nenhuma agressão ao patrimônio do devedor, inexiste o perigo de prejuízo irreparável nem serão ainda praticados atos satisfativos.

Da decisão do juiz que conceder ou negar efeito suspensivo aos embargos caberá agravo de instrumento ao tribunal. Mas, haja ou não agravo, é possível ao juiz, a qualquer tempo, modificar a decisão a respeito do efeito suspensivo, quando forem alteradas as circunstâncias que a fundamentavam. É possível que o juiz negue efeito suspensivo ao receber os embargos, porque naquele momento não havia uma situação de risco, que posteriormente se manifesta. O juiz reexaminará, quando a parte o requerer, o pedido, seja para revogar o efeito antes concedido, seja para conceder o anteriormente negado.

Se os embargos forem parciais, isto é, impugnarem apenas parte do débito, a execução prosseguirá quanto ao resto. E, quando houver mais de um executado, o efeito suspensivo concedido nos embargos opostos por um não se estende aos opostos pelos demais, quando o fundamento disser respeito exclusivamente ao primeiro.

Mesmo que seja concedido o efeito suspensivo, não haverá óbice para a efetivação dos atos de substituição, de reforço ou de redução da penhora e de avaliação de bens (CPC, art. 919, § 5º).

21.3.6. PROCEDIMENTO NOS EMBARGOS

Recebidos os embargos, o juiz mandará intimar o exequente para impugná-los, no prazo de 15 dias. A intimação é feita pela imprensa oficial ao advogado do exequente.

Uma vez que os embargos têm natureza de ação, a falta de impugnação do credor implicará revelia. Questão mais complexa é a de saber se ela produz os seus efeitos tradicionais, sobretudo a presunção de veracidade dos fatos alegados na inicial.

A questão é complexa porque o título que embasa a execução, e contra o qual o embargante pugna, goza de certeza, liquidez e exigibilidade. Bastaria a falta de impugnação para retirar-lhe tais qualidades?

Parece-nos que a falta de impugnação fará presumir a veracidade dos fatos alegados na petição inicial, que não sejam contrariados por aquilo que consta do título executivo. Por exemplo: não haverá presunção de veracidade, se o embargante alegar que o título tem determinado valor, ou data de vencimento, se dele consta outra coisa. Mas haverá se o embargante alegar, por exemplo, que o bem penhorado é imóvel residencial de família, e isso não for contrariado pelo embargado.

SINOPSES JURÍDICAS

Apresentada impugnação, o juiz ouvirá o embargante nos mesmos casos em que, no processo de conhecimento, ele intima o autor para réplica.

Em seguida, verificará se há ou não necessidade de provas. Se não, julgará antecipadamente os embargos; se sim, determinará as necessárias, designando audiência de instrução e julgamento, se for o caso. Não há restrição a provas nos embargos à execução.

Antes de determiná-las, o juiz ordenará as providências saneadoras, indispensáveis para o bom andamento do processo.

21.3.7. SENTENÇA NOS EMBARGOS

O juiz proferirá a sentença no prazo de 30 dias.

A natureza da sentença de mérito será variável, de acordo com o que foi objeto dos embargos. Assim, se desfizer o título executivo ou algum ato processual, terá caráter constitutivo negativo. É o caso da sentença que anula penhora ou anula o título emitido com vício de consentimento.

A sentença pode ainda ter natureza declaratória, como a que declara a ilegitimidade do exequente ou executado, no processo de execução, ou declara a inexistência do título judicial, pela falta de citação do réu, no processo de conhecimento (*querela nullitatis*).

Da sentença caberá apelação, recebida apenas no efeito devolutivo, se os embargos houverem sido julgados improcedentes.

Caso os embargos sejam considerados manifestamente protelatórios, o juiz aplicará multa ao embargante, em valor não superior a 20% da execução, que reverterá em favor do exequente, na forma do art. 774, parágrafo único, do CPC.

Quadro sinótico – Defesa do devedor em juízo na execução por título extrajudicial

Regras: 1ª) a defesa é feita fora do processo de execução, em ação incidente de embargos à execução; 2ª) é possível que o devedor ajuíze ação autônoma de conhecimento, que tenha por objeto a declaração de inexigibilidade do título ou a sua anulação.	
Exceção: em situações específicas, o devedor pode defender-se no bojo da execução por meio das exceções e objeções de pré-executividade.	
Exceção e objeção de pré-executividade	Regra: não mais se admitem, como regra geral, esses incidentes na execução por título extrajudicial, uma vez que a penhora deixou de ser pré-requisito para que os embargos sejam opostos. Exceção: a objeção de pré-executividade poderá ser suscitada quando o prazo para embargos estiver superado, e houver matéria de defesa a ser alegada, que não esteja sujeita à preclusão.
Ações de conhecimento autônomas	– Ação declaratória de inexigibilidade da obrigação. – Ação anulatória de título. – Ação anulatória da relação cambial.
É possível que o devedor oponha embargos e, concomitantemente, ajuíze ação autônoma, desde que o embasamento desta seja diverso daquele dos embargos, para que não haja litispendência.	
Conexão: haverá conexão entre a execução e a ação autônoma que vise desconstituir o título, caso em que será determinada a reunião dos processos para seguimento conjunto, evitando-se o risco de decisões contraditórias.	

Execução Civil

Embargos	Competência: – Juízo da execução. – Distribuição por dependência. – Competência funcional, portanto absoluta. Penhora feita por carta: – Oposição dos embargos: tanto no juízo deprecante quanto no deprecado (art. 914, § 2º, do CPC). – Julgamento: regra: juízo deprecante. Exceção: juízo deprecado, quando os embargos versarem sobre vícios ou defeitos da penhora, avaliação ou alienação de bens, realizadas pelo juízo deprecado (matérias de cunho processual). Prazo: 15 dias, contados da juntada aos autos do aviso de recebimento ou do mandado de citação cumprido. Citação por precatória: 15 dias, contados da juntada aos autos da comunicação feita ao juízo deprecante. Cognição nos embargos: – Plena e exauriente. Matérias a serem suscitadas nos embargos: – Pressupostos processuais e condições da ação. – Discussão do débito, que é objeto da pretensão do exequente. – Inexequibilidade do título ou inexigibilidade da obrigação. – Penhora incorreta ou avaliação errônea. – Excesso de execução ou cumulação indevida de execuções. – Retenção por benfeitorias necessárias e úteis, nas execuções para entrega de coisa. – Incompetência absoluta ou relativa do juízo. – Qualquer outra matéria de defesa que o embargante tenha em seu favor. Regra: não há efeito suspensivo. Exceção: serão concedidos excepcionalmente quando: – haja requerimento do embargante, não podendo o juiz concedê-lo de ofício; – estejam presentes os requisitos da tutela provisória; – a execução já esteja garantida por penhora, depósito ou caução suficientes (embora para a oposição de embargos não seja mais necessária a penhora de bens do devedor, para que a eles seja concedido o efeito suspensivo, tal ato é indispensável).

ATENÇÃO: não se trata de mero incidente na execução, mas sim de ação autônoma de caráter incidente à execução.
O processo de embargos é distinto do processo de execução. Há entre eles um vínculo: os embargos devem ser propostos incidentalmente à execução, veiculando a defesa do devedor.

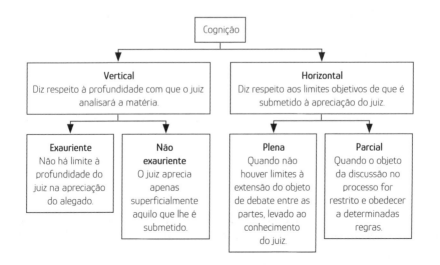

Procedimento e sentença nos embargos

```
┌─────────────────────────────────┐
│      Recebimento dos embargos    │
└─────────────────────────────────┘
                 │
                 ▼
┌─────────────────────────────────┐
│ Credor intimado na pessoa de seu │
│     advogado                     │
│ para impugná-los, em 15 dias.    │
└─────────────────────────────────┘
        │                    │
        ▼                    ▼
┌────────────────────┐  ┌──────────────────────┐
│ Impugnação não     │  │                      │
│ apresentada haverá │  │ Impugnação           │
│ revelia, mas ela   │  │ apresentada          │
│ não produzirá      │  │ audiência de         │
│ efeitos, exceto    │  │ instrução e          │
│ naquilo que não    │  │ julgamento           │
│ contrariar o       │  │ e prova pericial, se │
│ título, que goza   │  │ for necessário.      │
│ de liquidez,       │  │                      │
│ certeza e          │  │                      │
│ exigibilidade.     │  │                      │
└────────────────────┘  └──────────────────────┘
            │                │
            ▼                ▼
      ┌──────────────────────────────┐
      │ Sentença, no prazo de 30      │
      │ dias**.                       │
      └──────────────────────────────┘
                   │
                   ▼
      ┌──────────────────────────────┐
      │ Apelação, recebida apenas     │
      │ no efeito devolutivo.         │
      └──────────────────────────────┘
```

* A falta da impugnação não fará presumir verdadeiros os fatos alegados na petição inicial dos embargos, exceto em relação aos fatos que não contrariarem o que consta do título executivo. A razão disso é que a execução, contra a qual se impõem os embargos, está fundada em título executivo, dotado dos requisitos de certeza, liquidez e exigibilidade.

** Se os embargos forem julgados manifestamente protelatórios, o juiz aplicará multa ao embargante, em valor não superior a 20% da execução.

22 EXECUÇÃO POR QUANTIA CERTA CONTRA DEVEDOR INSOLVENTE

O CPC atual não trata da execução por quantia contra devedor insolvente. No entanto, o art. 1.052 estabelece que, até a edição de lei específica, elas permanecem reguladas pelo Livro II, Título IV, da Lei n. 5.869, de 11 de janeiro de 1973.

O processo de execução por quantia certa contra devedor insolvente é autônomo e independente, e não mero incidente da execução singular. Não se concebe que a execução contra devedor solvente convole-se em concurso de credores, pela decretação da insolvência civil.

A insolvência civil guarda semelhanças com a falência, porque em ambas abre-se o concurso universal de credores, que partilharão, respeitadas as preferências, o produto da liquidação de bens do devedor. No entanto, só há insolvência do devedor civil e falência do devedor comerciante.

Tal como o processo de falência, o de insolvência tem duas fases distintas: a primeira, de natureza cognitiva, cuja finalidade é constatar a insolvência, a ser declarada por sen-

Execução Civil

tença; a segunda, de caráter propriamente executivo, em que haverá a instituição do concurso universal de credores, e posterior partilha do produto da liquidação dos bens.

A execução concursal está estruturada de forma diversa da execução singular, haja vista os seus objetivos específicos: enquanto nesta a penhora recai apenas sobre os bens suficientes para a satisfação do débito, naquela há arrecadação de todos os bens penhoráveis do devedor, para satisfação da comunidade de credores.

Para que seja reconhecida a insolvência do devedor, é necessário que as dívidas excedam à importância dos bens dele. Ou seja, é necessário que o passivo do devedor supere o seu ativo.

A declaração de insolvência pode ser requerida pelo credor, munido de título executivo não adimplido oportunamente, ou pelo próprio devedor ou seu espólio. O credor, munido de título executivo, poderá, porém, optar por ajuizar execução contra devedor solvente, ainda que esteja caracterizada a situação fática da insolvência.

A primeira fase da execução contra devedor insolvente tem caráter cognitivo, e não executivo. Com efeito, não são praticados, nessa fase, atos executivos, mas atos de conhecimento, destinados a comprovar se o devedor está ou não em situação de insolvência, que será presumida, nas hipóteses do art. 750 do CPC/73.

Nos processos de insolvência civil há interesse público justificando a intervenção do Ministério Público.

22.1. INSOLVÊNCIA REQUERIDA PELO CREDOR

Somente o credor munido de título executivo, judicial ou extrajudicial, poderá requerer a declaração de insolvência do devedor.

O art. 755 do CPC/73 dispõe que o devedor será citado para, em dez dias, opor embargos. Como, porém, essa primeira fase tem natureza de conhecimento, a defesa do devedor não tem natureza de embargos, mas de mera contestação, não constituindo, destarte, ação autônoma. Em sua contestação, o devedor poderá alegar qualquer das defesas enumeradas nos arts. 475-L e 745 do CPC/73, conforme o título executivo em que se funda o pedido seja judicial ou extrajudicial. Poderá alegar, ainda, que não está insolvente, e que seu ativo supera o passivo.

Tal como na falência, o devedor poderá ilidir o pedido de insolvência, depositando o valor do crédito. O depósito não impedirá que o juiz conheça e aprecie o que for alegado em contestação, mas evitará a declaração da insolvência.

Se houver provas a produzir, o juiz designará audiência de instrução e julgamento; se não, proferirá, desde logo, sentença.

22.2. INSOLVÊNCIA REQUERIDA PELO DEVEDOR OU SEU ESPÓLIO

Da mesma forma que a falência, a insolvência pode ser requerida pelo próprio devedor, ou por seu espólio.

Para tanto, bastará dirigir uma petição ao juiz da comarca do domicílio do devedor, contendo os requisitos do art. 760 do CPC/73.

22.3 A DECLARAÇÃO JUDICIAL DE INSOLVÊNCIA

A primeira fase da execução por quantia certa contra devedor insolvente que, como foi visto, tem caráter de conhecimento encerra-se com a prolação de sentença declaratória da insolvência, que produz o vencimento antecipado de todas as dívidas do devedor, e a arrecadação de todos os seus bens penhoráveis, instituindo o concurso universal de credores.

Todos os credores deverão concorrer ao juízo universal da insolvência, habilitando seus créditos na forma dos arts. 768 e s. do CPC/73.

O juiz nomeará um administrador, cujas funções, enumeradas nos arts. 763 e s. do CPC/73, são bastante assemelhadas às do síndico no processo de falência. Os bens do devedor serão arrecadados e, posteriormente, alienados judicialmente. Liquidada a massa, os devedores serão pagos, respeitadas as ordens de preferência.

Quadro sinótico – Execução por quantia certa contra devedor insolvente

Procedimento	**1ª fase: Natureza cognitiva:** visa-se constatar a insolvência civil do devedor, a ser declarada por sentença. **2ª fase: Natureza executiva:** haverá a instituição do **concurso universal de credores**, e posteriormente partilha do produto da liquidação dos bens. – São arrecadados **todos** os bens do devedor, para a satisfação da comunidade de credores. – Devedor insolvente: é aquele que possui o passivo superior aos seus ativos. – Art. 750 do CPC/73: insolvência presumida. – Intervenção do Ministério Público.
Legitimidade para requerer a insolvência	– Credor. – Devedor ou seu espólio.
Efeitos da declaração judicial de insolvência	– Vencimento antecipado de todas as dívidas do devedor. – Arrecadação de todos os seus bens. – Instituição do concurso universal de credores.
Efeitos da sentença declaratória de insolvência	– Os credores deverão habilitar os seus créditos, na forma dos arts. 768 e s. do CPC/73. – O juiz nomeará um administrador, nos termos do art. 763 do CPC/73. – Os bens serão arrecadados, alienados judicialmente, a massa falida será liquidada e, por fim, os credores serão pagos, respeitada a ordem de preferência.

23 SUSPENSÃO E EXTINÇÃO DAS EXECUÇÕES

23.1. SUSPENSÃO DA EXECUÇÃO

São variadas as razões pelas quais a execução pode ser suspensa. O art. 921 enumera algumas, em rol que não é taxativo. Suspende-se a execução:

I – nas hipóteses dos arts. 313 e 315, no que couber: são as hipóteses de suspensão previstas na Parte Geral do CPC, e válidas para todo tipo de processo;

II – no todo ou em parte, quando recebidos com efeito suspensivo os embargos à execução (art. 919, § 1º). Conquanto excepcional, o efeito suspensivo pode ser concedido tanto aos embargos quanto à impugnação, caso em que a execução ficará suspensa até que eles sejam julgados;

III – quando não for localizado o executado ou bens penhoráveis. A terceira causa de suspensão prevista no art. 921 é a de não serem localizados o executado ou bens penhoráveis. Como a execução por quantia faz-se com a expropriação, se os bens ou o executado não forem encontrados, não há como prosseguir. Essa redação foi dada ao dispositivo pela Lei n. 14.195/2021. Pela redação anterior, a execução só seria suspensa se o devedor não tivesse

Execução Civil

bens penhoráveis. Com a nova redação, a suspensão ocorrerá se não for localizado o executado ou bens penhoráveis. A nova redação traz uma certa perplexidade, porque a não localização de bens impede de fato o seguimento da execução, mas a não localização do executado nem sempre constituirá óbice ao prosseguimento da execução, bastando que se localizem os seus bens. Assim, parece-nos que a melhor interpretação a ser dada ao dispositivo é de que a falta de localização do executado só justificará a suspensão se, por conta dela, não for possível descobrir se ele tem bens, quais são e onde estão. A falta de localização de bens é a causa mais frequente de suspensão. A execução por quantia só pode prosseguir com a penhora de bens, que serão oportunamente excutidos para pagamento da dívida.

Mas o processo ficaria paralisado indefinidamente? E se o devedor nunca adquirir bens, ou o fizer muitos anos depois? Ainda assim, a execução poderia prosseguir? Não existindo bens, o processo fica suspenso pelo prazo máximo de um ano, durante o qual não corre o prazo de prescrição intercorrente. A respeito da prescrição intercorrente, que recebeu nova disciplina da Lei n. 14.195/2021, aplicam-se à execução por título extrajudicial as mesmas regras que se aplicam ao cumprimento de sentença, e que já foram examinadas no item 15.2.5, *supra*, para o qual se remete o leitor;

IV – se a alienação dos bens penhorados não se realizar por falta de licitantes e o exequente, em 15 dias, não requerer a adjudicação nem indicar outros bens penhoráveis. Entretanto, nada impede que o exequente postule, após algum tempo, nova tentativa de alienação dos bens penhorados. Pode ser que a primeira tentativa fracasse, mas as posteriores sejam bem-sucedidas;

V – quando concedido o parcelamento de que trata o art. 916: é a hipótese de moratória convencional, em que o executado, no prazo de embargos, depositando 30% do valor do débito, poderá requerer o parcelamento do restante em até seis prestações. Além disso, o art. 922 permite que, convindo às partes, o juiz declare suspensa a execução durante o prazo concedido pelo exequente para que o executado cumpra voluntariamente a obrigação.

O rol do art. 921 do CPC não é taxativo. A execução pode ficar suspensa, por exemplo, em razão de ação autônoma, anteriormente ajuizada, na qual se postula a inexigibilidade do título executivo. Ou em razão de ação rescisória da sentença, na qual tenha sido deferida liminar.

Determinada a suspensão do processo, não serão praticados atos processuais, ressalvadas as providências urgentes, na forma do art. 923 do CPC.

23.2. EXTINÇÃO DA EXECUÇÃO

O art. 924 do CPC enumera, em rol meramente exemplificativo, algumas formas de extinção da execução. Ela ocorrerá quando:

I – a petição inicial for indeferida, o que ocorrerá nas hipóteses do art. 330 do CPC;

II – a obrigação for satisfeita. É a forma natural de extinção, em que a execução alcança o resultado almejado e a pretensão do credor é satisfeita. A lei não distingue entre a satisfação obtida por ato voluntário do devedor, quando ele faz o pagamento; ou a obtida coativamente, com a alienação de bens e o pagamento da dívida;

III – o executado obtém, por qualquer outro meio, a extinção total da dívida. Existem várias formas de obter a extinção de uma obrigação. O pagamento é uma delas e vem mencionado no inciso II. Outras formas poderão ocorrer: compensação, novação, confusão e transação, por exemplo;

IV – o exequente renunciar ao crédito. Se isso ocorrer, nada mais haverá a executar, e cumprirá ao juiz extinguir a execução;

V – ocorrer a prescrição intercorrente.

SINOPSES JURÍDICAS

Essas hipóteses não esgotam as de extinção. É possível, por exemplo, que a execução seja extinta quando do acolhimento de embargos, impugnação ou qualquer outro meio de defesa, nos quais o executado demonstre que ela não pode prosseguir; ou se inexistir título executivo, ou se ele for inexigível. Ou ainda se faltar uma das condições da ação executiva ou um dos pressupostos processuais da execução.

Também pode haver extinção em caso de desistência da execução pelo exequente.

23.2.1. A SENTENÇA DE EXTINÇÃO

A extinção da execução será sempre declarada por sentença, esteja ela fundada em título judicial – caso em que a sentença porá fim ao processo sincrético, iniciado com a fase cognitiva – ou em título extrajudicial.

Mas ela não pode ser comparada com as proferidas nos processos de conhecimento, que podem ser de extinção com ou sem resolução de mérito. A finalidade dessa sentença é simplesmente encerrar a execução porque alguma das causas extintivas está presente. Ela tem função estritamente processual, de dar por encerrada a execução.

O mérito da execução consiste na pretensão à satisfação do credor, obtida com atos materiais, concretos, como penhoras e expropriações de bens.

A execução pode ser extinta tendo o devedor sido satisfeito, como nos casos de pagamento, compensação, transação; ou sem a satisfação do credor, como na desistência ou verificação da falta de condições da ação executiva ou de pressupostos processuais da execução. Nem por isso a sentença será de mérito, no primeiro caso, e de extinção sem resolução de mérito, no segundo, porque não é ela que satisfaz ou não o credor, mas os atos que se realizaram no processo.

Quadro sinótico – Suspensão e extinção das execuções

Suspensão	Poderá ser total ou parcial. Hipóteses: – nas hipóteses dos arts. 313 e 315, no que couber; – embargos à execução recebidos com efeito suspensivo; – quando não for localizado o executado ou bens penhoráveis; – se a alienação dos bens penhorados não se realizar por falta de licitantes e o exequente, em 15 dias, não requerer a adjudicação nem indicar outros bens penhoráveis; – quando concedido o parcelamento de que trata o art. 916 e a alienação dos bens penhorados não se realizar por falta de licitantes e o exequente, em 15 dias, não requerer a adjudicação nem indicar outros bens penhoráveis; – quando concedido o parcelamento de que trata o art. 916.
Extinção	Hipóteses (art. 924 – rol exemplificativo): – indeferimento da inicial; – satisfação da obrigação; – o executado obtiver, por qualquer outro meio, a extinção total da dívida; – renúncia do crédito; – prescrição intercorrente.
Sentença	Caráter meramente terminativo, tendo em vista que o juiz se limita a declarar extinta a execução.
Recurso	Apelação.